Rebecca Folke

»Von der Wiege bis zur Bahre«

Kindeswohlgefährdung im völkisch-neonazistischen Spektrum am Beispiel der Heimattreuen Deutschen Jugend e.V.

EDITION DISS

Edition des Duisburger Instituts für Sprach- und Sozialforschung im *UNRAST* Verlag, Münster

UNRAST

Bibliografische Information der Deutschen Bibliothek
Die Deutsche Bibliothek verzeichnet diese Publikation in der Deutschen Nationalbibliografie; detaillierte bibliografische Daten sind im Internet über http://dnb.de abrufbar.

Die Edition DISS wird im Auftrag des Duisburger Instituts für Sprach- und Sozialforschung herausgegeben von Gabriele Cleve, Margarete Jäger, Wolfgang Kastrup, Helmut Kellershohn, Anna-Maria Mayer, Benno Nothardt, Jobst Paul & Regina Wamper.

Rebecca Folke: »Von der Wiege bis zur Bahre«
Edition DISS Bd. 51

1. Auflage, Juni 2023
ISBN 978-3-89771-781-7

www.unrast-verlag.de | kontakt@unrast-verlag.de
Mitglied in der assoziation Linker Verlage (aLiVe)

Umschlag: Unrast Verlag, Münster; Foto: © isso.media Bildarchiv
Satz: Unrast Verlag, Münster
Druck: Multiprint, Kostinbrod

Inhalt

1. Einleitung

Seit über 60 Jahren sind in der BRD völkisch-nationalistische und -neonazistische Jugendbünde erzieherisch aktiv. Dennoch steht eine systematische erziehungswissenschaftliche Untersuchung der verschiedenen Organisationen hinsichtlich der Erziehungselemente und möglicher Kindeswohlbeeinträchtigungen bisher aus. Sozialisationsbedingungen neonazistischer Jugendlicher und junger Erwachsener werden in der erziehungswissenschaftlichen Forschung vornehmlich hinsichtlich der Bindungs- und Interaktionserfahrung und deren Einfluss auf die politische Einstellung und damit häufig verbundene Devianz der Betreffenden erforscht. Neonazismus wird zumeist als Ausdrucksform jugendlicher Devianz forschungsrelevant, sprich als Ausdrucksform durchaus ubiquitärer jugendlicher Entwicklung, die nur einen temporären Meilenstein darstellt (z.B. Dollinger & Schmidt-Semisch 2010, 11). Neonazismus als von Geburt an dezidiert indoktrinierte Gesinnung und Lebensmaxime, nach der alles, inklusive des sozialen Umfelds, ausgerichtet ist, entzieht sich bisher der erziehungswissenschaftlichen Forschung (siehe Kapitel 1.2.). Dabei ist die Untersuchung dieser Thematik gerade aus der Perspektive des Kinderschutzes hochrelevant. Die vorliegende Untersuchung soll einen Beitrag zur Schließung dieser Forschungslücke leisten.

1.1. Begriffsklärung

Das Thema Neonazismus wird im deutschsprachigen Raum, ob von Wissenschaft, Medien oder Behörden, in aller Regel unter dem Begriff ›Rechtsextremismus‹ behandelt. In der vorliegenden Arbeit wird, sofern dies nicht aus Zitationsgründen gefordert ist, der Begriff ›Rechtsextremismus‹ nicht verwendet. Dieses Vorgehen soll folgend kurz begründet werden. In dem Extremismuskonzept, welches 1974 vom Bundesamt für Verfassungsschutz in den gesellschaftlichen Diskurs eingeführt wurde (vgl. Oppenhäuser 2011, 39), werden komplexe soziale und politische Phänomene unter einem Schlagwort subsumiert und simplifiziert. Es wird auf ein Gesellschaftsmodell der demokratischen, friedfertigen und gemäßigten Mitte rekurriert, die von den extremistischen Rändern her bedroht werde. Eine Annahme, die vielfach empirisch widerlegt wurde, beispielsweise durch die Mitte-Studien[1] der Friedrich-Ebert-Stiftung. Der Extremismusbegriff beinhaltet dadurch immer auch einen ordnungspolitischen und auf Staatsräson ausgerichteten Problemfokus, der eine legitimatorische Funktion für den Ausbau der staatlichen Repressionsapparatur einnimmt.

> »In kritisch-theoretische Begriffe übersetzt ist die Entstehung des E[xtremismus, d.V.]-Konzeptes damit aufs engste an die Praxen sowohl der repressiven als auch der ideologischen Staatsapparate [...] gekoppelt, indem es die Praxen des Staates im engeren Sinne über die Relais politischer Bildungsinstitutionen in die zivilgesellschaftliche [...] Arena einspeist.« (ebd., 43)

Die Zuordnungen zu den jeweilig als ›extremistisch‹ bezeichneten Spektren erfolgen dabei nach juristisch-moralischen Richtlinien und werden relativ inhaltsleer gesellschaftlich vermittelt. »Die Unterscheidung zwischen dem, was als extremistisch und somit problematisch gilt, und dem demokratischen und somit unproblematischen Teil der Gesellschaft ist an die formalistische Vorstellung von Verfassungstreue geknüpft.« (Hüttmann 2011, 330) So wird durch den Extremismusbegriff die Verbreitung bestimmter Ideologien und Überzeugungen in der breiten Bevölkerung vollkommen ausgeblendet, sie werden zu Problemen des gesellschaftlichen Randes gemacht. Struktureller Rassismus und alltagsrassistische Praktiken werden so folgenreich verschleiert (vgl. Döhlemeyer & Mehrer 2011, 16). Wie schwerfällig der gesellschaftliche Diskurs zu diesen Themen ist, zeigt sich jüngst in den Jahren 2020 und 2021 anhand der immer wieder neuen Enthüllungen neonazistischer und rassistischer Strukturen in der deutschen Polizei und Bundeswehr und an den Abwehrversuchen einer empirischen Erfassung rassistischer Einstellungen und Praxen in der deutschen Polizei.

›Rechtsextremismus‹ ist ein in unserer Gesellschaft allgegenwärtig verwendeter Begriff, dabei ist in aller Regel aber nicht definiert, was damit inhaltlich gemeint sein soll. So wird er häufig analog für (Neo-)Nazismus, Rassismus, Antisemitismus, Nationalismus, Sozialdarwinismus, (Neo-)Faschismus, Autoritarismus oder auch Antifeminismus verwendet. Auch in unterschiedlichen wissenschaftlichen Ansätzen wird er divergierend genutzt[2]. Er liefert also über die Kategorisierung als ›rechts‹ und ›extremistisch‹ hinaus wenig analytischen Gehalt für eine wissenschaftliche Arbeit. Die mit dem Begriff ›Rechtsextremismus‹ einhergehende Links-Rechts-Gleichsetzung,

1 Siehe dazu z.B. Zick & Küpper 2021.

2 siehe dazu Kiess 2011, 240f.

wie wir sie auch im Verfassungsschutzbericht wiederfinden, verbietet sich insbesondere inhaltlich. Es findet eine systematische Gleichsetzung rechter (neonazistischer, rassistischer, antisemitischer etc.) Ideologie und Gewalt mit verschiedensten linken emanzipatorischen, antifaschistischen und anarchistischen Ideologien und Praxen statt. Seit 1990 gibt es in Deutschland mindestens 213 Todesopfer rechter – also neonazistisch, rassistisch, sozialdarwinistisch, antisemitisch, antifeministisch etc. motivierter – Gewalt (vgl. Brausam 2021). Diese Zahl ist Ausdruck des tödlichen Potenzials der menschenverachtenden Ideologeme, die unter dem Schlagwort ›rechts‹ gefasst werden. Eine Gleichsetzung durch den politisch-programmatischen Extremismusbegriff mit ›linken‹ Ideologien und Praxen, die bei aller Diversität fundamental auf der Annahme der Gleichwertigkeit aller Menschen beruhen, verharmlost das rechte Gewaltpotenzial und schmäht die Opfer und Betroffenen rechter Gewalt. Sie verdeckt zudem die gesellschaftliche Verortung und daraus resultierende gesellschaftliche Verantwortung an der Alltäglichkeit rechter Gewalt. Auch wenn in verschiedenen wissenschaftlichen und publizistischen Arbeiten der Rechtsextremismusbegriff immer wieder kritisch reflektiert wird, kommt es dennoch häufig zu einer Verwendung mit dem Argument der gesellschaftlichen Ubiquität und vermeintlichen Alternativlosigkeit des Begriffes. Dadurch wird der Begriff mitsamt seinen genannten problematischen Implikationen immer wieder aufs Neue reproduziert. Die Ablehnung eines jeden Extremismusbegriffs, die hier expliziert wurde, ist dabei nicht nur als Operationalisierung für die vorliegende Arbeit gedacht, sondern auch als kritischer Beitrag zu einem sozial- und erziehungswissenschaftlichen Diskurs.

In der vorliegenden Arbeit wird das im Fokus stehende politische Spektrum als völkisch-neonazistisch beschrieben. Der Begriff des ›Völkischen‹ wird hier im Sinne der von Kellershohn, Haarfeldt, Lausberg, Dietzsch und Suermann 2014 vorgelegten Begriffsdefinition verwendet:

> »Wesentliche Bestandteile des völkischen Nationalismus sind ein Verständnis von Nation auf der Basis ethnischer Homogenität, die Vorrangstellung der Nation bzw. der Volksgemeinschaft gegenüber den Individuen, ein autoritäres Staatsverständnis mitsamt Elite- und/oder Führerkult, die Heroisierung des opferbereiten und dienstbaren Bürgers/Volksgenossen, ein dichotomisches Freund-Feind-Denken, ein biopolitisches Verständnis des ›Volkskörpers‹ und der Primat der Außenpolitik, basierend auf der Idee des nationalen Machtstaates und geopolitischen Imperativen verpflichtet.«

Historisch geht der Begriff ›völkisch‹ auf die rassistisch-antisemitische *Völkische Bewegung* des beginnenden 20. Jahrhunderts zurück. Zentral für die Ideologie dieser Bewegung, die den Höhepunkt ihrer Verbreitung im Nationalsozialismus fand, ist die biologistisch-rassistische Konzeption des ›Volkes‹, über dessen Zugehörigkeit allein aufgrund der genetischen Abstammung entschieden wird. Mit dieser Abstammungskonzeption verbunden ist auch der Anspruch auf ein bestimmtes geographisches Gebiet, das als natürlich angestammter Lebensraum des ›Volkes‹ angenommen wird (vgl. Schmidt 2014, 6). Der eigenen Vorstellung einer ›artgemäßen‹ Lebensgestaltung und Volksgemeinschaft wurden als apokalyptische Feindbilder Demokratie, Industrialisierung, Kapitalismus, Feminismus und Internationalismus entgegengestellt (vgl. Raabe & Hartwig 2021, 54). Gebietsansprüche entstehen aus der grundlegenden Überzeugung der natürlichen ›Schicksalsgemeinschaft Volk‹ und dem ihm angestammten ›Lebensraum‹, sodass auch der Anspruch auf die Gebiete, die nach dem Zweiten Weltkrieg abgegeben wurden, bis heute weiterhin erhoben wird (vgl. Nowak 2017, 5). Nach 1945 knüpften verschiedene Gruppierungen an die Ideologie der *Völkischen Bewegung* an, darunter auch verschiedene Jugendbünde, die sich einem völkischen Erziehungsauftrag verschrieben sahen (vgl. ebd.). Einige dieser Jugendbünde, wie zum Beispiel *Der Freibund e.V.,* sind bis heute aktiv. Dabei ist zu betonen, dass die völkische Ideologie zwar in weiten Teilen des organisierten Neonazismus zu finden ist, aber auch in Bewegungen, Szenen und Parteien, die nicht dem neonazistischen Spektrum zugeordnet werden können. Beispielhaft sei hier auf die rechte Partei *Alternative für Deutschland* (AfD) hingewiesen. Deren Programmatik und die Äußerungen diverser Funktionär*innen[3] weisen Versatzstücke völkischer Ideologie auf[4].

Im Falle der *Heimattreuen Deutschen Jugend* (HDJ) ist der völkische Nationalismus dabei mit dem konkreten Bestreben der Wiederherstellung eines nationalsozialistischen Führerstaates im Sinne des Nationalsozialismus von 1933 bis 1945 in Deutschland verknüpft. So heißt es auch im Leitsatz des

3 In der vorliegenden Arbeit wird gendergerechte Sprache in Form des Gender-Sternchens verwendet, um so sprachlich die Gender-Vielfalt abzubilden und kein Gender zu diskriminieren. In dem empirischen Teil wird bei Mädchen und Frauen auf das Gender-Sternchen verzichtet, da die HDJ-Gender-Konzeption von binären Cis-Geschlechtern ausgeht und sich daher referenziell das Gender-Sternchen erübrigt. Abweichende Gender-Formen in Zitaten bilden die Originalschreibweise der jeweiligen Autor*innen ab.

4 siehe dazu Raabe & Hartwig 2021, oder Häusler 2018.

Bundesverwaltungsgerichts in der Begründung der Klageabweisung gegen das Verbot der HDJ: »Der Verein ›Heimattreue Deutsche Jugend – Bund zum Schutz für Umwelt, Mitwelt und Heimat e.V.‹ weist eine Wesensverwandtschaft mit dem Nationalsozialismus, insbesondere mit der früheren Hitlerjugend auf.« (BVerwG, Urteil vom 01.09.2010 - 6 A 4.09) Daher wird nachfolgend die Bezeichnung völkisch-neonazistisch für die HDJ und ihr direktes Umfeld verwendet. Zu rechten Einstellungen werden hier Ideologien der Ungleichwertigkeit wie Rassismus, Nationalismus, Antisemitismus, Antifeminismus, Homophobie, Chauvinismus, Ableismus und Sozialdarwinismus gezählt, welche alle Bestandteile von Neonazismus sind, aber auch weit über die neonazistische Szene hinaus in breiten Teilen der Bevölkerung zu finden sind[5].

1.2. Bestandsaufnahme: Neonazismus im Kontext Sozialer Arbeit

Forschung zu (Neo-)Nazismus war lange Zeit vor allem eine Domäne von Soziologie und Politikwissenschaften. In den 1990er Jahren wandte sich auch die erziehungswissenschaftliche und pädagogische Forschung zunehmend dem Thema Neonazismus zu. In den ersten Jahren nach der innerdeutschen Wiedervereinigung waren rassistische Ausschreitungen und Übergriffe bis hin zu Mord insbesondere auch durch jugendliche Täter*innen bundesweit Alltag. Gerade vor dem Hintergrund der schweren rassistischen Pogrome von Hoyerswerda, Mölln und Rostock-Lichtenhagen wurden erstmals Sozialisationsbedingungen und familiale Hintergründe im Themenfeld Neonazismus in den Blick genommen. In den 1990er Jahren wurden rechte Einstellungen und daraus resultierende deviante Praktiken erstmals zu einem anerkannten Gegenstand der fachlichen Auseinandersetzung[6] in Bezug auf jugendliche Sozialisation. Dabei überwog über lange Zeit die Einstufung von neonazistischen und rassistischen Überzeugungen als jugendkulturelles Phänomen.

> »Mit der Betrachtung von Ausländerfeindlichkeit als einem jugendkulturellen Phänomen geht häufig die Annahme einher, dass sich die entsprechenden Einstellungen vor allem unter dem Einfluss befreundeter Gleichaltriger her-

5 siehe dazu Kausch & Wiedemann 2011, 298f.

6 Siehe hierzu auch Scherr 1996, 97.

ausbilden. Aus dieser Perspektive wird Ausländerfeindlichkeit wie eine Form devianten Verhaltens aufgefasst.« (Schmid 2008, 572)

Durch diese Zuwendung zu dem Thema wurden sowohl elterliche und familiale Einflüsse als auch die gesellschaftliche Einbettung der ideologischen Überzeugungen ausgeblendet. Als Forschungsgegenstände standen soziologische und sozialpsychologische Konzepte zur Entstehung und Persistenz neonazistischer und rassistischer Überzeugungen im Fokus. Als populärer Erklärungsansatz für jugendlichen Neonazismus galt die sogenannte Individualisierungsthese, welche soziale Desintegration der Jugendlichen als zentralen Faktor herausstellte und so vor allem berufliche Perspektivlosigkeit und mangelnde gesellschaftliche Anerkennung als entscheidend betonte[7]. Dieser Ansatz wurde kontrovers diskutiert und als individualisierungstheoretisch verkürzt kritisiert. Überdies konnte das Individualisierungstheorem empirisch nicht belegt werden.

> »Die Individualisierungsthese im Zusammenhang mit Rechtsextremismus erweist sich als unhaltbar, denn Heitmeyer muß, wie er selbst sagt, immer wieder ›irritiert‹ feststellen, daß Jugendliche mit autoritär-nationalistischen Orientierungen sich überwiegend in für sie befriedigenden Interaktionskontexten befinden und sich sozial integriert fühlen.« (Rommelspacher 1992, 59)

Mit der sogenannten Dominanzkulturthese machten vor allem Holzkamp und Rommelspacher auf die bisherige Vernachlässigung des Einflusses gesellschaftlicher patriarchal-hierarchischer und rassistischer Unterdrückungsstrukturen aufmerksam und forderten eine kritische Einordnung von jugendlichem Neonazismus in die gesellschaftlichen Macht- und Struktursysteme.

> »Dominanzkultur im Sinne von Holzkamp und Rommelspacher meint, dass die eigene Kultur auf den Anspruch bestehe, die ›Normalität‹ zu repräsentieren, alles Fremdartige werde als Provokation empfunden und entweder durch Assimilation unterworfen oder ausgegrenzt. Dieses Phänomen sehen die Autorinnen in patriarchalen Strukturen verwurzelt.« (Köttig 2001, 105)

Die genannten Theoreme versuchten, Neonazismus und Rassismus bei Jugendlichen aus soziostruktureller und gesellschaftsanalytischer Perspektive zu erklären. Demgegenüber standen sozialisationstheoretische Studien, die vor allem Einflüsse des Erziehungsstils auf die politische Sozialisation und Persönlichkeitsentwicklung untersuchten. Hier sind besonders die Arbei-

7 Siehe z.B. Heitmeyer et al. 1992.

ten von Detlef Oesterreich (siehe zusammenfassend Oesterreich 2000) und auch Christel Hopf (1992, 1993, 1997) zu Autoritarismus zu nennen. In Anlehnung an die ursprünglich von Erich Fromm und später durch Adorno et al. weiterentwickelte Theorie der Autoritären Persönlichkeit untersuchten sowohl Hopf als auch Oesterreich die Anwendbarkeit bzw. Modifizierbarkeit dieses Konzeptes auf das Phänomen des jugendlichen Neonazismus und stellten somit den innerfamilialen Einfluss in den Fokus des wissenschaftlichen Diskurses. Die Studien lieferten Belege für einen signifikanten Einfluss der »Beziehungsbiographien« (Hopf 1997, 168) auf die politische Positionierung in Jugend und jungem Erwachsenenalter. Oesterreich konnte überdies in zwei Studien einen signifikanten Zusammenhang zwischen autoritären Persönlichkeitsmerkmalen und »[…] einer das Kind in seinen Entwicklungsmöglichkeiten einschränkenden Sozialisation sowie mangelnder emotionaler Unterstützung […]« (Oesterreich 2000, 69) belegen. Nachfolgende Untersuchungen verknüpften soziokulturelle und sozialisationstheoretische Theoreme miteinander und bezogen den Einfluss der elterlichen politischen Orientierung und der Beziehungsqualität mit ein, zum Beispiel Kracke, Noack, Hofer, Klein und Allermann (1993). Hier ergaben sich Belege für die Transmission politischer Einstellungen von den Eltern auf die Kinder, wobei Kracke et al. im Jugendalter eine zunehmend wechselseitige Beeinflussung von Eltern und Jugendlichen postulierten (vgl. ebd., 986). Es kann davon ausgegangen werden, dass die Transmission politischer Werte und Einstellungen umso weitreichender erfolgt, je höher die Beziehungsqualität zwischen Eltern und Kind ist (vgl. ebd., 976). Die divergierenden Theoreme zur Erklärung jugendlichen Neonazismus schlugen sich auch in der Praxis in divergierenden und zum Teil diametralen Ansätzen wie der akzeptierenden Jugendarbeit und konfrontativ-responsibilisierenden Formaten nieder. Das in den 1990er Jahren am weitesten verbreitete Konzept der akzeptierenden Jugendarbeit stellte theoretische Überlegungen der sozialen Desintegration jugendlicher Neonazis in den Mittelpunkt und versuchte über eine akzeptierende, wertschätzende und integrierende Haltung die vermeintliche Ursache der politischen Orientierung der Adressat*innen zu beeinflussen. Der Ansatz wurde für seine entpolitisierende Haltung und potenziell defizitäre Sichtweise auf die Jugendlichen kritisiert, in pädagogischen Fachbeiträgen wurden »[…] Unterwanderungstendenzen durch Neonazis und eine Stabilisierung statt Schwächung der rechten Szene an vielen Orten bemängelt« (Stützel 2019, 15). So wurden durch die Akzeptanz »neonazistisch-jugendkultureller Stilformen« (ebd.) andere, nicht-neonazistisch orientierte Jugendliche verdrängt und – gefördert durch öffentliche Mittel – ganze soziale Räume wie bspw. Jugendzentren neonazistischer Dominanz preisgegeben. Eine überaus lesenswerte Arbeit zu diesem Themenkomplex ist Lucia Bruns (2019) Untersuchung der Frage, wie die Rolle der akzeptierenden Jugendarbeit innerhalb der Sozialen Arbeit im Hinblick auf die Entstehung des NSU-Komplexes gedeutet wird. In der Arbeit stellt Bruns insbesondere die fachliche Debatte um die akzeptierende Jugendarbeit in den 1990er Jahren sowie die staatliche Finanzierung und die damit verbundene Programmatik ausführlich dar und weist eindrücklich auf die strukturelle Bedeutung der akzeptierenden Jugendarbeit in Jena für die Entwicklung und Stabilisierung des sozialen Umfelds des NSU hin.

Mehrere schwere rechte Gewalttaten im Jahr 2000 wie der Mord an Alberto Adriano und der antisemitische Sprengstoffanschlag von Düsseldorf-Wehrhahn führten zu einer erneuten öffentlichen Debatte um neonazistische Gewalt und läuteten einen Paradigmenwechsel in den pädagogischen Programmen gegen Neonazismus ein. »Erstmals wurde auf Bundesebene regierungsamtlich anerkannt, dass Deutschland ein Problem mit Rechtsradikalismus und Fremdenfeindlichkeit hat, das staatliches Handeln erfordert.« (Roth 2016, 225) Die neuen Konzepte zielten nun vermehrt auf Prävention durch bildungspolitische und demokratiepädagogische Angebote und den Ausbau von Beratungsstellen für Betroffene rechter Gewalt (vgl. Stützel 2019, 16). Die Stärkung einer demokratischen Kultur durch bildungspolitische Initiativen stand bis 2010 im Vordergrund, während klassisch sozialarbeiterische Tätigkeiten in relativ begrenztem Rahmen stattfanden (vgl. ebd., 18). Mit der Selbstenttarnung des NSU 2011 wurde die von Stützel als »dritte Generation staatlicher Förderprogramme« (ebd., 18) bezeichnete Programmatik initiiert.

> »Die Maßnahmen wurden hierbei entlang der Unterscheidung in einen primären, sekundären und tertiären Präventionsbereich auf unterschiedliche Zielgruppen abgestimmt. Während die primäre Prävention von einer Zielgruppe ausgeht, die noch nicht mit rechten Haltungen sympathisiert, konzentrieren sich Maßnahmen der sekundären Prävention auf Adressat_innen, die zwar Sympathisant_innen oder Mitläufer_innen sind, aber kein geschlossenes rechtes Weltbild haben. In diesem Bereich wird auch die aufsuchende Jugendarbeit angesiedelt. Tertiäre Prävention konzentriert sich auf Straffälligenarbeit bzw. Ausstiegsangebote und richtet sich an Aktivist_innen oder Kader_innen, die in neonazistischen Strukturen verankert sind.« (ebd.)

Somit ist in dieser Zeitspanne eine Ausdifferenzierung der pädagogischen und sozialarbeiterischen Angebote zu verzeichnen. Dabei wurden zunehmend auch neonazistische Mädchen und Frauen* in die pädagogische Zielgruppe aufgenommen[8]. Es sei hier darauf hingewiesen, dass von feministischer Seite aus schon seit den 1990er Jahren beständig auf die fachliche und wissenschaftliche Vernachlässigung von Mädchen und Frauen in der Neonazi-Szene aufmerksam gemacht wurde[9]. Aus der pädagogischen Praxis heraus entwickelte sich auch die forschende erziehungswissenschaftliche Zuwendung zu dem Thema Neonazismus als Fokussierung auf die Arbeit mit Jugendlichen als potenzielle oder tatsächliche Aussteiger*innen[10]. Neonazistische Sippen, die teilweise seit dem Nationalsozialismus generationsübergreifend nationalsozialistische Ideologien tradieren und in der Erziehung vermitteln, sind in der erziehungswissenschaftlichen und pädagogischen Forschung und Literatur wenig bis gar nicht Gegenstand der wissenschaftlichen Auseinandersetzung. Dies ist nicht zuletzt auch dem Umstand geschuldet, dass es aus dieser Szene nahezu keine Aussteiger*innen gibt, die für viele Forschungsansätze die prioritären Proband*innen darstellen. Aber das Problem dahinter liegt tiefer.

Erziehungs- und auch Kindheitswissenschaften sind eng mit den Handlungsfeldern und der Praxis Sozialer Arbeit und institutionalisierter Pädagogik verbunden. Und damit auch mit der Konzeption von Sozialer Arbeit und institutionalisierter Pädagogik als Teil des Wohlfahrtsstaates, der sich in normierender und normreproduzierender Weise an Familien, Kinder und Jugendliche wendet.

> »Das historische und aktuelle Sprechen über die Personengruppen, die den Kern der Sozialen Frage ausmachen – Erwerbslose, ›schlechte Eltern‹, ›verhaltensauffällige Kinder‹, ›deviante Jugendliche‹, ›bildungsferne Familien‹, Menschen, die ›abhängig‹ sind von staatlichen Transferleistungen – stellt diese Gruppen ausserhalb der Grenzen des Normalen.« (Heite, Pomey & Spellenberg 2013, 247f.)

Zentraler Begriff für die professionelle Zuwendung zu Familien ist das Kindeswohl bzw. die Kindeswohlgefährdung, wobei die Füllung dieses offenen Rechtsbegriffs maßgeblich durch die relevanten Familienleitbilder geprägt

8 Siehe dazu Hechler & Stuve 2015, Lehnert & Radvan 2016.

9 Siehe z.B. Siller 1993, Bitzan 1997, Köttig 2001.

10 Siehe z.B. Lobermeier 2006, Köttig 2008 oder Sigl 2018.

wird. Familien, die innerhalb der »Grenzen des Normalen« (ebd.) verbleiben, sind vor staatlichem Zugriff und fachlichem Diskurs geschützt.

> »Bezugspunkt für Soziale Arbeit, und […] für die Kinder- und Jugendhilfe, als integrierende Normalisierungsarbeit […] waren traditionellerweise das ›Normalarbeitsverhältnis‹ und die ›normale‹ bürgerliche Kleinfamilie […], welche als besonders funktional für die Wohlfahrtsproduktion und die Humankapitalbildung im Wohlfahrtskapitalismus gelten können.« (Oelkers 2011, 264)

Die nachfolgenden historischen Herleitungen beziehen sich auf die BRD, auf das politische und soziale System der DDR kann in der vorliegenden Arbeit aus Platzgründen nicht eingegangen werden. In Deutschland nach 1945 war die bürgerliche heteronormative Familie mit nationalsozialistischer Vergangenheit und häufig auch gegenwärtig nationalsozialistischer Gesinnung über Jahrzehnte die absolute Norm, an der sich die Konzeption von Abweichung, Devianz und Interventionsbedarf orientierte. Ein pädagogischer Zugriff auf diese Familien war nicht denk- und diskutierbar. Jugenddelinquenz war historisch da problematisch, wo sie von Armen, Nicht-Deutschen, von Frauen* ausging und so die öffentliche Ordnung gefährdete. Schon sechs Jahre nach der Niederschlagung NS-Deutschlands wurden in Deutschland die ersten völkisch-nationalistischen Jugendbünde aktiv, die innerhalb kürzester Zeit die Jugendarbeit der nun verbotenen *Hitler-Jugend* wieder aufnahmen (siehe Kapitel 4.1.). Hunderte Kinder und Jugendliche durchliefen in der *Wiking Jugend* (WJ), dem *Bund Heimattreuer Jugend* (BHJ) und ähnlichen Bünden eine völkisch-neonazistische Ausbildung. Hier waren Familien aktiv und tonangebend, die ihre nationalistische, antidemokratische und militaristische Ausbildungsarbeit seit dem Nationalsozialismus nahezu nahtlos fortsetzten. Seit 1959 wurde das Treiben dieser Jugendbünde in der BRD immer wieder medial thematisiert. So weist Botsch (2007) auf eine 1959 erschienene Artikelserie von Thomas Gnielka in der *Frankfurter Rundschau* hin, in der zu nationalistischen Jugendbünden recherchiert wurde (vgl. ebd., 5). 1977 produzierte der WDR eine 42-minütige Fernsehdokumentation mit dem Titel »Wotans Erben – Rechtsradikale Jugend in der Bundesrepublik«, in welcher die Autoren Brinkmann und Gerhard den BHJ, die WJ und die *Stahlhelmjugend* detailliert porträtierten. Die Filmaufnahmen belegen die nationalsozialistische Indoktrination und paramilitärische Wehrsportausbildung von Kindern und Jugendlichen in diesen Organisationen. Und sie belegen schwer gewaltsame Übergriffe auf Journalist*innen am Rande konspirativ organisierter Ferienlager. Die öffentliche Thematisierung dieser völkisch-nationalistischen bis neonazistischen Jugenderziehung schwappte nicht in den fachlichen Diskurs der sich strukturierenden Sozialen Arbeit über. Wenn man Soziale Arbeit als »Bearbeitung gesellschaftlich und professionell als relevant angesehener Problemlagen« (Klüsche 1999, zitiert nach Motzke 2014, 29) versteht, wird deutlich, dass ein gewisser gesellschaftlicher Druck nötig ist, um bestimmte soziale Gegebenheiten als Problem einzustufen und diese so überhaupt zum Gegenstand Sozialer Arbeit werden zu lassen. Diesen Druck gab es in Bezug auf völkisch-neonazistische Jugendarbeit nicht.

Eine autoritäre, auch psychische und körperliche Gewalt beinhaltende Erziehung, ob in familialen oder auch institutionellen Kontexten, war über viele Jahrzehnte in der BRD nicht problematisch, sondern ubiquitär in den normgenerierenden Bevölkerungsgruppen. Auch in der Kinder- und Jugendhilfe zeichneten sich insbesondere in den 1950er und 1960er Jahren unter dem Schlagwort ›Fürsorgeerziehung‹ dezidiert autoritäre und patriarchale Zugriffe auf Familien und insbesondere weibliche Heranwachsende und alleinerziehende Mütter ab. Die Unterbringung in Kinder- und Erziehungsheimen erfolgte häufig aufgrund willkürlicher, hochgradig moraliner Verwahrlosungsvermutungen. »Diese Form staatlicher Willkür und des Machtmissbrauchs wurde durch die Haltung von Anpassung und Gehorsam gefördert, die in dieser Zeit noch gesellschaftlich gestützt und getragen wurde.« (Esser 2011, 51) Bis in die 1970er Jahre hinein war die Heimerziehung strukturell geprägt von »verschiedenen Arten der Erniedrigung, Demütigungen und Verletzungen« (ebd., 53). Lehnert und Radvan (2016) weisen in diesem Zusammenhang auch auf personelle Kontinuitäten von ›Fürsorger*innen‹ aus dem Nationalsozialismus bis in die 1980er Jahre hin: »Im Nationalsozialismus tätige Fürsorgerinnen in leitender Stellung konnten ihre professionellen Karrieren nach 1945 problemlos fortsetzen.« (ebd., 39) Ein (innerfachlicher) Diskurs zur Rolle der ›Fürsorger*innen‹ im Nationalsozialismus blieb vor dem Hintergrund der bemühten Entpolitisierung der Sozialen Arbeit als »organisierte Mütterlichkeit« (ebd.) aus. Von dieser Bestandsaufnahme ausgehend ist es nur konsequent, dass völkisch-nationalistische und neonazistische Jugendbünde für die Soziale Arbeit in der BRD keinen Gegenstand der Auseinandersetzung darstellten, sondern vielmehr durchaus Erziehungspraktiken abbildeten, die in der stationären Erziehungshilfe selbst praktiziert und vielfach übertroffen wurden. Die heute vielfach rezipierte Konzeption Sozialer Arbeit als »Menschenrechtsprofession«

(Staub-Bernasconi 2007) ist ein Produkt jahrzehntelanger theoretischer Auseinandersetzungen und auch radikaler politischer Kämpfe. Hier muss insbesondere die Heimkampagne der *Außerparlamentarischen Opposition* (APO) erwähnt werden, deren entschlossene Aktionen eine emanzipatorische Reformbewegung in der Sozialen Arbeit auslösten und so die folgenden neuen Selbstverständnisse maßgeblich mit beeinflussten (vgl. Esser 2011, 55f.).

Die gesellschaftlich dominanten Normvorstellungen und Diskurse prägen maßgeblich – nicht zuletzt auch durch die Gesetzgebung – die Praxis Sozialer Arbeit, in welcher das professionelle Selbstverständnis Sozialer Arbeit auf die Probe gestellt wird. Dies trifft im Besonderen auf den Bereich Kinderschutz zu, in welchem die Soziale Arbeit im Rahmen des staatlichen Wächteramtes tätig wird. Bis 1958 bestand in der BRD ein gesetzlich geregeltes Züchtigungsrecht, das dem Vater »[...] Kraft des Erziehungsrechts [...] angemessene Zuchtmittel gegen das Kind« (§ 1631 BGB bis 1958, zitiert nach Esser 2011, 61) zumaß. Infolge der Verabschiedung des Gleichberechtigungsgesetzes 1958 wurde das vormalig väterliche Züchtigungsrecht in ein elterliches Gewohnheitsrecht umgewandelt, welches unter bestimmten Voraussetzungen nun beiden Eltern die körperliche Gewaltanwendung als Erziehungsmittel zugestand. Die »[...] Züchtigung müsse zum Erreichen des Erziehungsziels angemessen und erforderlich sein und der Täter müsse mit Erziehungswillen handeln« (ebd., 62). 1980 wurde der § 1631 BGB um den 2. Absatz erweitert, welcher »entwürdigende Erziehungsmaßnahmen« für unzulässig erklärte, ein dezidiertes Gewaltverbot war mit der Novellierung nicht verbunden. Auch nach Ratifizierung der UN-Kinderrechtskonvention 1992 dauerte es noch weitere sechs Jahre bis 1998 erstmals in der BRD-Geschichte »körperliche und seelische Misshandlungen« für gesetzwidrig erklärt wurden. Zu diesem Zeitpunkt war die *Wiking Jugend* schon seit vier Jahren verboten. Im Jahr 2000 wurde § 1631 Abs. 2 erneut novelliert und in die bis heute bestehende Formulierung gewandelt: »Kinder haben ein Recht auf gewaltfreie Erziehung. Körperliche Bestrafungen, seelische Verletzungen und andere entwürdigende Maßnahmen sind unzulässig.« Durch diese Novellierung werden Kinder erstmals in der deutschen Rechtsgeschichte als Personen mit eigener Würde und Träger von eigenen Rechten anerkannt, welche die Achtung ihrer Persönlichkeitsrechte auch gegenüber Eltern und Staat verlangen können (vgl. Esser 2011, 62).

Wenn wir Gesetzesnovellierungen als Manifestation gesellschaftlicher und fachlicher Diskurse und der dominant werdenden Normkonzepte verstehen, so belegt diese kurze Darstellung der Entwicklung der Gesetzgebung die Abhängigkeit Sozialer Arbeit und insbesondere der Kinder- und Jugendhilfe von eben jenen Normkonzepten. Die vorangegangene Darstellung der pädagogischen und sozialarbeiterischen Praxis und Forschung zum Themenfeld Neonazismus macht ebenfalls die Strukturgebundenheit Sozialer Arbeit an die gesellschaftlichen Normen und Diskurse deutlich. Auch die praktische Umsetzung des staatliche Wächteramtes ist zwangsläufig abhängig von der jeweiligen Konzeption von Kindeswohl bzw. dessen Nicht-Gewährleistung oder Gefährdung. Fachjournalist*innen wie Andrea Röpke warfen schon früh die Frage nach Sozialisationsbedingungen, Erziehung und auch Kindeswohl innerhalb der organisierten neonazistischen Szene, insbesondere der HDJ, auf[11]. Anhand ihrer investigativen Recherchen warf Röpke ein Schlaglicht auf die völkisch-neonazistische Indoktrination von Kindern und Jugendlichen in der HDJ, ihre Broschüre »Ferien im Führerbunker« (2007) ist bis heute in jeder Publikation zu dem Thema Neonazismus und Kindeswohl eine zitierte Quelle. Sie zeigt darin die strukturelle, zum Teil generationsübergreifende Verwobenheit ganzer Familienverbände in dieser spezifischen Szene auf und dokumentiert die institutionalisierte politische Erziehung von Kindern und Jugendlichen durch ideologische Schulungen und militärischen Drill. Röpke betont den sozialen Balanceakt für Kinder in dieser Szene zwischen der »braunen Parallelwelt« (ebd., 20) der HDJ und dem alltäglichen Leben im sozialen Gefüge von Schule und Freund*innen. 2010 legte Röpke mit der Broschüre »Die geführte Jugend – Kindererziehung von rechts« eine ausführliche Übersicht über Erziehungsdiskurse, -methoden und -inhalte in der organisierten neonazistischen Szene vor. Es wird deutlich, dass in der organisierten neonazistischen Szene durchaus sehr heterogene Erziehungspraxen anzutreffen sind, bei denen dennoch einige Erziehungsinhalte verbindend sind (vgl. Lehnert & Radvan 2015, 65). Kinder aus neonazistischen Familien werden zu einem persistenten Antagonismus zu der sie umgebenden Gesellschaft außerhalb der neonazistischen Szene erzogen (vgl. Röpke 2010, 12f.). Demokratie, Pluralität und Diversität gelten als zu bekämpfende Feindbilder, Ideologien der Ungleichwertigkeit wie Rassismus, Antisemitismus und Sozialdarwinismus werden en passant vermittelt. Für die Kinder gelten starre Gender-Konzeptionen und eine antifeministische, antiemanzi-

11 Siehe Röpke 2007a & 2010.

patorische Grundhaltung. Dabei gibt es innerhalb der neonazistischen Szene divergierende Ansichten zur Offenheit der politischen Indoktrination (vgl. ebd., 124f.). Es muss dennoch betont werden, dass die genannten Ideologeme mindestens als latente Form politischer Sozialisation Gegenstand der Erziehung sind. Wie Röpke (2007) eindrücklich darlegt, muss im Falle der HDJ von offener und klar intendierter völkisch-neonazistischer Indoktrination ausgegangen werden. In der völkischen Szene ist Familienbildung und -führung ein Kernelement des politischen Selbstverständnisses und somit auch die Erziehung ein Politikum. Soziale Beziehungen, von Freundschaften bis hin zu Eheschließungen, werden vorzugsweise innerhalb der ideologischen Gemeinschaft geführt. Auch das Sozialleben der Kinder soll sich vorzugsweise ausschließlich in der völkischen Szene abspielen. So kann durch das enge Gefüge von Familien- und Freundeskreis die Einhaltung der vermittelten völkischen Ideale überwacht werden, oftmals werden soziale Kontakte außerhalb der Szene minimiert (vgl. Nowak 2017, 19). Aufgrund der hohen sozialen Verwobenheit ist ein Ausstieg aus dieser Szene extrem selten, geht mit ihm doch in aller Regel nicht nur der Verlust eines Freundeskreises, sondern ein Bruch mit dem gesamten sozialen Gefüge inklusive der Familie einher (vgl. Schmidt 2014, 19). Für die Mitglieder der HDJ als völkisch-neonazistische Kaderschmiede sind diese Strukturen anzunehmen. Dennoch gab es über lange Zeit keine erziehungswissenschaftliche Forschung zu dem Thema. Zu der HDJ liegt bis heute keine erziehungswissenschaftliche Forschung vor. Auch wenn das Verbot der HDJ bereits 12 Jahre zurückliegt, ist eine Beschäftigung mit der HDJ immer noch relevant. Die HDJ steht exemplarisch für eine konkrete Form völkischer Erziehung, welche von Kadern der organisierten neonazistischen Szene organisiert wurde und diverse neue Kader hervorbrachte. Direkt nach dem Verbot wurde eine Fortsetzung der jugenderzieherischen Aktivitäten angekündigt. Ein Führungsmitglied der HDJ betonte 2009 kurz nach dem Verbot in einem Interview mit dem elitären völkisch-rassistischen *Schutzbund für das Deutsche Volk e.V.* (SDV): »Eine Lücke ist also entstanden, aber entscheidend ist jetzt, daß ja nur die Organisation verboten wurde, nicht aber die Träger derselben. Deshalb werden wir dieses Verbot dazu nutzen jetzt unsere Fähigkeiten in andere Organisationen hineinzutragen und deren Schlagkraft zu erhöhen.«[12]

12 Das Interview ist einsehbar auf der Website des neonazistischen SDV.

Die früheren Mitglieder diffundierten sukzessiv in andere schon bestehende völkisch-nationalistische Jugendbünde wie den *Sturmvogel e.V.* und den *Freibund* (siehe Kapitel 4.1). Auch die NPD bot vielen HDJ-Mitgliedern neue Organisationsmöglichkeiten, z.B. in der Unterorganisation *Interessengemeinschaft Fahrt und Lager* (IG Fahrt und Lager) der NPD-Jugendorganisation *Junge Nationalisten* (JN), von welcher auffällig viele neue Stützpunkte ab 2009 genau dort entstanden, wo vorher HDJ-Einheiten vorhanden waren (vgl. AIB 90/ 1.2011). Im Dezember 2010 und Januar 2011 kam es daraufhin auch zu Razzien bei JN-Mitgliedern wegen des Verdachts des Verstoßes gegen das Vereinigungsverbot (vgl. Endstation Rechts 2011). Viele Mitglieder der HDJ waren außerdem parallel Mitglieder neuheidnisch-völkischer Gemeinschaften wie der *Artgemeinschaft* (siehe Kapitel 4.2) oder dem *Bund für Gotterkenntnis (Ludendorff) e.V.*, sodass Parallelstrukturen nach dem Verbot eine ungebrochene ideologische Organisationseinbettung gewährleisteten. Die Ludendorffer organisieren unter dem Label *Arbeitskreis für Lebenskunde* ideologische Ferienlager und Wochenendfreizeiten für Kinder und Familien (vgl. Röpke & Speit 2019, 77). Andere HDJ-Mitglieder setzen die völkisch-neonazistische Jugendarbeit bis heute in direkter und offener HDJ-Tradition fort. So belegen antifaschistische Recherchen des Infoportals *hiergeblieben.de* das wiederholte Abhalten von Schulungswochenenden mit uniformierten Kindern auf dem Grundstück des früheren HDJ-Einheitsführers Gerd Ulrich in Detmold-Berlebeck bis in das Jahr 2021. Bei Röpke und Speit (2019) wird ein Bericht zu einem solchen Schulungstreffen bei Ulrich Jahre nach dem HDJ-Verbot aufgegriffen: »Bei Bogenschießübungen habe es demnach eine Auseinandersetzung mit militärischem Tonfall gegeben. ›Steh endlich auf‹, sei laut befohlen worden, danach soll ein Junge den Hang hinaufgeschliffen worden sein.« (ebd., 71f.) Es kann folglich von der begründeten Annahme einer (modifizierten) Fortsetzung der Aktivitäten der HDJ ausgegangen werden und somit auch von einer persistenten Tradierung der HDJ-Erziehungsmethoden und -inhalte. Daher ist die HDJ auch heute noch für die erziehungswissenschaftliche Forschung relevant.

Die Politikwissenschaftlerin Regina Weber untersuchte 2014 die Erziehungs-, Familien- und Frauenbilder in der HDJ. Dabei legte sie den Fokus auf die vermittelten Geschlechtsstereotype, die für die Erziehungs- und Familienkonzeption eine besondere Tragweite entwickeln. Ihre Analyse bezog sich auf 69 Texte weiblicher Autorinnen aus der HDJ-eigenen Zeitschrift *Funkenflug* in den Jahren 2005 bis 2009 (vgl. Weber 2014, 226). In der Auswertung stellt Weber die starre Rollenkonzeption der Frau innerhalb der HDJ heraus. Mutterschaft wird als die natürliche Bestimmung der Frauen nicht nur zu einem moralischen Wert, sondern durch die Konzeption der völkischen, kinderreichen Familie als politische Verpflichtung vorausgesetzt (vgl. ebd., 240). Innerhalb der HDJ-Gemeinschaft komme den Frauen und Mädchen vor allem das Verrichten solcher Tätigkeiten zu, welche mit »[...] dieser häuslich orientierten, fürsorglichen und aufopfernden Rolle einer Person, die ihre eigenen Ansprüche zurückstellt und für die Gemeinschaft ist« (ebd.), assoziiert werden. Davon abweichende etwaige Entwicklungsziele wie etwa Berufstätigkeit werden im *Funkenflug* nur anhand explizit als solcher porträtierter Ausnahmecharaktere erwähnt. »Nur Mutter zu sein, ist danach das Normale für jede Frau.« (ebd.)

Bezogen auf die Frage der Kindeswohlgefährdung in der HDJ hat die Juristin Kati Lang 2009 und 2010 zwei Texte vorgelegt, die bis heute maßgeblich sind. Sie stellt darin die Grundrechtsposition von Kindern und Jugendlichen klar heraus. Neben dem Recht auf körperliche Unversehrtheit sei hier vor allem zu betonen: »Der_die Minderjährige ist ein eigenes Wesen mit eigener Menschenwürde und eigenem Recht auf freie Entfaltung seiner Persönlichkeit« (Lang 2010, 42) und dies von Geburt an. Dieses Grundrecht sieht Lang durch die völkisch-neonazistische Erziehung in der HDJ massiv bedroht (Lang 2009, 4). Sie stellt heraus:

> »Bisher existieren keine Präzedenzfälle, die vorgeben, ob durch eine (neo-)nazistische, menschenverachtende Erziehung das Grundrecht auf freie Entfaltung der Persönlichkeit von Minderjährigen eingeschränkt gelten kann und eine Kindeswohlgefährdung vorliegt. Als juristische Vergleichsgruppe dienen vorliegend daher fundamentalistische Elternhäuser bzw. solche mit Sektenzugehörigkeit.« (Lang 2010, 46)

Die von der Aussteigerin Tanja Privenau wiederholt geschilderten Formen militaristischen Drills, die ideologische Abschottung nach außen und Indoktrination der völkischen Überlegenheit sind nach Lang als kindeswohlgefährdend einzustufen (vgl. Lang 2010, 47 und 2009, 4). Zentral sind bei der HDJ nach Lang die autoritäre Einschränkung der kindlichen Persönlichkeitsentwicklung und die daraus folgenden Loyalitätskonflikte, die für die Kinder und Jugendlichen in der Auseinandersetzung mit den Werten und Anforderungen der sie umgebenden Gesellschaft entstehen (vgl. Lang 2010, 47). Die Gefährdung sei »fallbezogen am Inhalt sowie der Art und Weise der Veranstaltungsführung festzumachen« (ebd.). Auch Lehnert und Radvan

(2015) betonen hinsichtlich einer möglichen Kindeswohlgefährdung von Kindern im organisierten neonazistischen Milieu »einen Loyalitätskonflikt zwischen den Ansprüchen der Herkunftsfamilie und den dazu diskrepanten Anforderungen im Außen« (ebd., 67). Ähnlich wie Lang (2010) betonen Lehnert und Radvan die mögliche Einschränkung des Erfahrungshorizonts von Kindern und Jugendlichen (vgl. ebd., 67).

> »Eine Kindeswohlgefährdung aufgrund völkischer Erziehung kommt demgemäß in Betracht, wenn es zu körperlichen Bestrafungen, seelischen Verletzungen oder anderen entwürdigenden Maßnahmen kommt. Dies ist der Fall, wenn aufgrund der Ausübung der elterlichen Sorge die körperliche und/oder psychische Entwicklung behindert wird, persönliche Bindungen unterdrückt oder überfordernde Loyalitätskonflikte ausgelöst werden. Insbesondere das Hervorrufen extremer Ängste, überzogene Verhaltensregeln und das Hineindrängen in eine Außenseiter_innenrolle deuten auf eine missbräuchliche Ausübung der elterlichen Sorge hin.« (Lang 2010, 46)

In der vorliegenden Forschungsarbeit wird der Frage nachgegangen, ob die von Lang und Lehnert und Radvan formulierten Formen der Kindeswohlgefährdung als strukturelle Erziehungsmerkmale der HDJ angenommen werden können. Dafür werden zunächst die rechtlichen Rahmenbedingungen im Zusammenhang mit Kindeswohl dargelegt (Kapitel 2) und aus der vorhandenen Fachliteratur die für fundamentalistische religiöse Gemeinschaften relevanten möglichen Beeinträchtigungen des Kindeswohls herausgearbeitet (Kapitel 3). Im Anschluss wird zunächst die HDJ historisch in die Tradition völkischer Jugendbünde eingeordnet und in Vereinsstruktur und Lageralltag dargestellt (Kapitel 4). Daran anschließend wird anhand der Auswertung von schriftlichen Selbstdarstellungen der HDJ, in Form der vereinseigenen Publikationen *Funkenflug*, *Unser Leben* und der Website, überprüft, ob und in welchem Umfang sich spezifisch für die HDJ Hinweise auf kindeswohlgefährdende Elemente ergeben (Kapitel 5). Als Forschungsfragen werden der Arbeit vorausgestellt:

- Welche Erziehungsinhalte und -methoden werden aus den Selbstdarstellungen der HDJ ersichtlich?
- Finden sich Hinweise auf kindeswohlgefährdende Erziehungselemente?
  – Falls ja, lassen sich diese systematisch nachweisen, oder handelt es sich um Einzelbefunde?
  – Was sind die Spezifika der kindeswohlgefährdenden Erziehungselemente?

2. Kindeswohl: Rechtliche Rahmung

Um sich dem Thema der Kindeswohlgefährdung in spezifischen weltanschaulichen Gemeinschaften oder Gruppierungen annähern zu können, bedarf es zunächst einer Bestandsaufnahme der rechtlichen und strukturellen Rahmenbedingungen von Elternrecht und Kindeswohl. Der Handlungsauftrag der öffentlichen wie auch der freien Kinder- und Jugendhilfe (KJH) ergibt sich aufgrund des subsidiären staatlichen Wächteramtes. Dieses ist in der Verfassung sowie verschiedenen Gesetzestexten festgeschrieben. Die Rechtsauslegung erfolgt über gewisse Grundsatzurteile, welche auch die Handlungsmöglichkeiten der KJH mitbestimmen.

2.1. Elternrecht

Das Recht der Eltern auf Erziehung gehört in Deutschland zu den in der Verfassung garantierten Grundrechten. Dabei wird den Eltern bei der Ausübung der Erziehung eine weitestgehende Gestaltungsfreiheit gewährt, sodass eine große Pluralität an Erziehungsstilen sowie weltanschaulichen und religiösen Überzeugungen in den Familien ohne staatliche Einmischung praktiziert werden kann (vgl. Gollan 2010, 10). »Diese Freiheit resultiert aus den negativen Erfahrungen des Nationalsozialismus, in dem Eltern ihren Nachwuchs im Sinne der Volksgemeinschaft zu prägen hatten.« (Lang 2009, 2) Das Elternrecht stellt in diesem Sinne ein Freiheits- und Abwehrrecht gegenüber dem Staat dar. Art. 6 Abs. 2 und 3 GG schreibt fest:

> »(2) Pflege und Erziehung der Kinder sind das natürliche Recht der Eltern und die zuvörderst ihnen obliegende Pflicht. Über ihre Betätigung wacht die staatliche Gemeinschaft.
> (3) Gegen den Willen der Erziehungsberechtigten dürfen Kinder nur auf Grund eines Gesetzes von der Familie getrennt werden, wenn die Erziehungsberechtigten versagen oder wenn die Kinder aus anderen Gründen zu verwahrlosen drohen.« (Art. 6 Abs. 2 und Abs. 3 GG)

Im Gegensatz zu den anderen in der Verfassung garantierten Grundrechten handelt es sich bei dem Elternrecht um ein subsidiäres, also fremdnütziges Recht. Es manifestiert gleichsam Recht und Pflicht der Eltern, ein dem Kindeswohl dienliches Aufwachsen des Kindes zu gewährleisten. Das Kindeswohl ist als »[...] die oberste Richtschnur in der elterlichen Pflege und

Erziehung […]« zu betrachten (vgl. BVerfG, Urteil v. 09.02.1982 – 1 BvR 845/79, NJW 1982, 1375). § 1697a BGB schreibt das Kindeswohlprinzip als leitend in rechtlichen Belangen das Kind betreffend auch juristisch fest.

> »Ohne Ausrichtung am Kindeswohl ist elterliches Verhalten nicht vom Elternrecht im Sinne von Artikel 6 Absatz 2 Satz 1 GG geschützt. Die Grundrechte des Kindes und das daraus abzuleitende Kindeswohl sind daher Richtschnur für das Elternrecht und markieren dessen Grenzen.« (Gollan 2018, 11)

Dieser Grundsatz wird auch in einfachrechtlicher Gesetzgebung in § 1627 Satz 1 BGB zum Ausdruck gebracht: »Die Eltern haben die elterliche Sorge in eigener Verantwortung und in gegenseitigem Einvernehmen zum Wohl des Kindes auszuüben.« Obwohl das Sorgerecht also als Grundrecht bei den Eltern liegt, ist die*der Grundrechtsträger*in das Kind. Kinder haben von Geburt an die gleichen Grundrechte wie Erwachsene. Das bedeutet unter anderem konkret das Recht auf eine eigene Würde (vgl. Art. 1 Abs. 1 GG) und das Recht auf die Entfaltung der eigenen Persönlichkeit (vgl. Art. 2 Abs. 1 GG). Kinder wie auch Erwachsene haben das Recht auf körperliche Unversehrtheit, Leben und Freiheit (vgl. Art. 2 Abs. 2 GG) sowie auf Glaubens-, Gewissens- und Meinungsfreiheit (vgl. Art. 4 und 5 GG) und das Recht auf Bildung (vgl. Art. 7 GG). Die in der Verfassung verbrieften Grundrechte sind explizit zu benennen, da sie die einfachrechtlichen Gesetze bedingen und deren Auslegung vorgeben. Dennoch handelt es sich bei der Rechtsstellung des Kindes um eine »paternalistische Grundsituation« (Wapler 2017b, 18), da die Eltern bzw. Sorgeberechtigten die familiale Lebenswelt gestalten und bis zur Volljährigkeit in den meisten Angelegenheiten entscheidungsberechtigt sind. »Der Primat der elterlichen Erziehung zeigt sich im Status der Eltern als gesetzliche Vertreter (§ 1629 Abs. l Satz 1 BGB) sowie in ihrem alle Belange des Kindes umfassenden Recht der Personen- und Vermögenssorge (§ 1626 BGB).« (Wapler 2017a, 16) »Die Personensorge beinhaltet insbesondere die Pflege, Erziehung, Beaufsichtigung und Aufenthaltsbestimmung des Kindes (§ 1631 Abs. 1 BGB). Dazu gehören auch Bereiche wie die Regelung der schulischen Angelegenheiten, Fragen der Ausbildungs- und Berufswahl (§ 1631a BGB) oder die Veranlassung von ärztlichen Maßnahmen.« (Gollan 2018, 16)

In der Ausübung der Personensorge ist der Begriff des Kindeswohls, wie bereits eingangs erwähnt, zentral. Kindeswohl ist ein offener Rechtsbegriff, der bewusst keine erschöpfende Positivformulierung enthält. Er bezeichnet nach gängiger Rechtsprechung des Bundesverfassungsgerichts »[...] das, was ein Kind braucht, um in seiner Würde geachtet zu sein und seine Persönlichkeit zu entfalten. Das Kindeswohl ist nicht gleichzusetzen mit den Grundrechten, sondern ist die Bedingung der Grundrechtsverwirklichung.« (Wapler 2017a, 19) Damit ist auch der Individualität und Diversität von Personen und Lebensumständen Rechnung getragen. Bedingungen, die für eine Person in einer bestimmten Situation förderlich sind, können für eine andere Person schädlich sein. Diese Diversität und Individualität bringt auch eine hohe Pluralität an Beziehungsgestaltung und Erziehungsstilen mit sich. Das gesetzliche Leitbild für die Erziehungsausübung bei aller den Eltern zugebilligten Freiheit in puncto Lebens und Erziehungsgestaltung ist dabei die Anleitung des Kindes zu einer selbstständigen und eigenverantwortlichen Person. Dies ergibt sich analog zu den in der Verfassung garantierten Grundrechten (Art. 1 Abs. 1 und Art. 2 Abs. 1 GG) und ist in § 1626 Abs. 2 BGB expliziert: »Bei der Pflege und Erziehung berücksichtigen die Eltern die wachsende Fähigkeit und das wachsende Bedürfnis des Kindes zu selbständigem verantwortungsbewusstem Handeln. Sie besprechen mit dem Kind, soweit es nach dessen Entwicklungsstand angezeigt ist, Fragen der elterlichen Sorge und streben Einvernehmen an.« (§ 1626 Abs. 2 BGB)

Die (elterliche) Erziehung soll den schützenden und unterstützenden Rahmen für ein Kind schaffen, den es braucht, um sich gedeihlich entwickeln zu können. Dabei wird einfachrechtlich und in Entsprechung zum Grundgesetz jedem Kind »[...] ein Recht auf Förderung seiner Entwicklung und auf die Erziehung zu einer eigenverantwortlichen und gemeinschaftsfähigen Persönlichkeit« (§ 1 Abs. 1 SGB VIII) zugestanden. Dies bedeutet allerdings nicht die Implementation eines Idealtypus der bestmöglichen Erziehung, sondern das Recht des Kindes auf eine das Kindeswohl nicht gefährdende Erziehung.

2.2. Das staatliche Wächteramt

Die Familie steht gemäß Art. 6 Abs. 1 GG unter besonderem Schutz des Staates. Art. 6 Abs. 2 definiert die Pflege und Erziehung als das natürliche Recht der Eltern, über dessen Ausübung die staatliche Gemeinschaft wacht. Dieses staatliche Wächteramt hat also einerseits den Schutz der Familie zum Auftrag (zum Beispiel durch Förderung, Prävention oder die Gewähr von Rechtsansprüchen), andererseits den im Zweifel widerstreitenden Schutz des Kindes als eigenen Grundrechtsträger. Das staatliche Wächteramt verpflichtet aufgrund des Subsidiaritätsprinzips zum Eingriff in das Elternrecht, wenn »[...] das körperliche, geistige oder seelische Wohl des Kindes oder sein Vermögen gefährdet [ist] und die Eltern [...] nicht gewillt oder nicht in der Lage [sind], die Gefahr abzuwenden.« (§ 1666 BGB Abs. 1 Satz 1) Hier erfährt die elterliche Erziehungsfreiheit ihre Begrenzung zur Abwendung der Gefährdung des Kindeswohls. Leitmaxime für die Ausübung des Elternrechtes und für das staatliche Wächteramt ist also das Kindeswohl. Wird aufgrund des kustodialen Auftrags des Staates in die familiale Autonomie eingegriffen, gilt das in §1666b BGB festgelegte Verhältnismäßigkeitsprinzip. In diesem wird festgelegt, dass ambulante Hilfen zur Erziehung vorrangig vor (teil-)stationären Maßnahmen zu installieren sind. Alle Möglichkeiten der Kinder- und Jugendhilfe, die einen Verbleib des Kindes bei den Erziehungsberechtigten ermöglichen, sind vorrangig auszuschöpfen. Dies ergibt sich schon aus dem Abwehrrecht der Eltern (vgl. Art. 6 Abs. 1 GG). Die öffentliche Kinder- und Jugendhilfe (KJH) ist die bei Eingriff der »subsidiären Verantwortung des Staates« (Gollan 2018, 11) aktive Institution. Sie hat Anhaltspunkte für eine Kindeswohlgefährdung zu prüfen und gegebenenfalls den Erziehungsberechtigten Hilfen zur Erziehung anzubieten (vgl. § 8a Abs. 1 SGB VIII). Im Falle der Nichtkooperation der Eltern bei der Aufklärung und/oder Abwendung einer Kindeswohlgefährdung hat das Jugendamt das Familiengericht anzurufen (vgl. § 8a Abs. 2 SGB VIII) und notwendigenfalls auch die Polizei oder andere zur Abwendung der Gefährdung notwendigen Instanzen hinzuzuziehen (vgl. § 8a Abs. 3 SGB VIII). Dabei ist stets auf die Mitwirkung und das Einverständnis der Eltern hinzuwirken. Für etwaige Maßnahmen der KJH gilt für die Eltern ein Wunsch- und Wahlrecht, welchem entsprochen werden soll, sofern dies nicht aus fachlichen Gründen oder aufgrund des Sparsamkeitsgebots abzulehnen ist (vgl. § 5 SGB VIII). Auch im SGB VIII wird also das Elternrecht betont. Gemäß dem Kindeswohlprinzip wird aber schon in § 1 Abs. 3 SGB VIII festgelegt, dass die Aufgaben der KJH zur »Verwirklichung des Rechts« (ebd.) eines jeden jungen Menschen »[...] auf Förderung seiner Entwicklung und auf Erziehung zu einer eigenverantwortlichen und gemeinschaftsfähigen Persönlichkeit« (vgl. § 1 Abs. 1 SGB VIII) beitragen. »Das Elternrecht wie das staatliche Wächteramt rechtfertigen sich allein aus der Schutz- und Hilfebedürftigkeit des Kindes. Bedarf das Kind des Schutzes und der Hilfe nicht mehr, endet die Macht Dritter über sein Leben und ist es in die Selbstbestimmung zu entlassen.« (Wapler 2017a, 19)

2.3. Das Kind als (Grund-)Rechtsträger

Junge Menschen sind in allen sie betreffenden Entscheidungen entsprechend ihres Entwicklungsstandes einzubeziehen. Dabei wandelt sich mit voranschreitendem Alter die Art des gesetzlich geforderten Einbezugs von einem konsultativen zu einem dezisiven Charakter (vgl. Wapler 2015, 423). Dies findet auch in den gesetzlich manifestierten Teilmündigkeiten ab 14 Jahren seinen Ausdruck, die jungen Menschen das Recht auf religiöse und sexuelle Selbstbestimmung, aber auch Strafmündigkeit zuschreiben. Ab dem vollendeten 14. Lebensjahr steht Kindern auch in Verfahren in Familiensachen ein eltern- oder vormundunabhängiges Beschwerderecht zu (vgl. § 60 FamFG). Vor dem vollendeten 14. Lebensjahr ist ein Kind in Verfahren nach dem FamFG persönlich anzuhören, »[...] wenn die Neigungen, Bindungen oder der Wille des Kindes für die Entscheidung von Bedeutung sind oder wenn eine persönliche Anhörung aus sonstigen Gründen angezeigt ist« (§ 159 Abs. 2 und Abs. 4 Satz 2 FamFG). Von dieser Anhörung darf ein Gericht nur aus »schwerwiegenden Gründen« (§ 159 Abs. 3 FamFG) absehen, ferner ist das Kind altersangemessen über Gegenstand und Verlauf des Verfahrens zu informieren (vgl. § 159 Abs. 4 Satz 1 FamFG). Das Gesetz über die religiöse Kindererziehung (KErzG) betont die Notwendigkeit der kindlichen Beteiligung an mehreren Stellen dezidiert und schreibt dabei den Einbezug für ein deutlich früheres Alter fest, als es bspw. die gesetzliche Strafmündigkeit vorsieht. Gemäß § 3 Abs. 2 Satz 5 ist ein Kind nach Vollendung des 10. Lebensjahres in Fragen des religiösen Bekenntnisses zu hören, ab Vollendung des 12. Lebensjahres darf ein Kind nicht gegen seinen Willen »[...] in einem anderen Bekenntnis als bisher [...]« (§ 5 Satz 2 KErzG) erzogen werden. Konsultativ muss das Kind also ab 10 Jahren an Entscheidungen des religiösen Bekenntnisses beteiligt werden. Ab dem vollendeten 12. Lebensjahr wird jungen Menschen auch eine dezisive Beteiligung zugesprochen, welche dann mit 14 Jahren in der vollen religiösen Selbstbestimmung mündet (vgl. § 5 Satz 1 KErzG). Im BGB wird die gesetzliche Teilmündigkeit noch früher angesetzt, wenn in §§ 104 und 106 das Alter für (beschränkte) Geschäftsfähigkeit auf das vollendete 7. Lebensjahr festgelegt wird. Im Sozialgesetzbuch

VIII (SGB VIII) wird ebenfalls das Beteiligungsrecht von Kindern gesondert herausgestellt. § 8 SGB VIII schreibt fest:

> »(1) Kinder und Jugendliche sind entsprechend ihrem Entwicklungsstand an allen sie betreffenden Entscheidungen der öffentlichen Jugendhilfe zu beteiligen. Sie sind in geeigneter Weise auf ihre Rechte im Verwaltungsverfahren sowie im Verfahren vor dem Familiengericht und dem Verwaltungsgericht hinzuweisen.
> (2) Kinder und Jugendliche haben das Recht, sich in allen Angelegenheiten der Erziehung und Entwicklung an das Jugendamt zu wenden.
> (3) Kinder und Jugendliche haben Anspruch auf Beratung ohne Kenntnis des Personensorgeberechtigten, wenn die Beratung auf Grund einer Not- und Konfliktlage erforderlich ist und solange durch die Mitteilung an den Personensorgeberechtigten der Beratungszweck vereitelt würde.«

Das Kind als Grundrechtsträger wird also durch die Gesetzgebung in vieler Hinsicht geschützt und in seinen Rechten gestärkt. Aber es bleibt zu konstatieren: »In der Rechtspraxis und Rechtspolitik allerdings wird dieser Grundsatz bislang noch nicht flächendeckend beachtet, wenn Belange von Kindern betroffen sind; es besteht also ein erhebliches Umsetzungsdefizit.« (Wapler 2017b, 4)

3. Kindeswohlgefährdung im Kontext religiöser und weltanschaulicher Gruppierungen

Lang (2010) nennt als juristische Referenzgruppe für die HDJ religiöse und weltanschauliche Gemeinschaften (vgl. ebd., 46). Zu diesem sehr heterogen zusammengesetzten Spektrum gibt es im Zusammenhang mit Kinder- und Jugendschutz Fachliteratur, die sich insbesondere mit dem Aspekt der Kindeswohlgefährdung beschäftigt. Im Folgenden werden aus der aktuell vorliegenden Literatur die für dieses Spektrum fachlich anerkannten möglichen Beeinträchtigungen des Kindeswohls zusammengetragen. Es muss vorangestellt werden, dass die bloße Zugehörigkeit oder Mitgliedschaft in einer bestimmten weltanschaulichen oder religiösen Gemeinschaft eines oder beider Elternteile zunächst keinen automatischen Rückschluss auf die Erziehungsfähigkeit der Eltern erlaubt (vgl. Gollan, Riede & Schlang 2018, 21). Die Zugehörigkeit der Eltern kann, muss aber nicht zwangsläufig gravierende Auswirkungen auf das Kind haben. Die sorgfältige Prüfung des Vorliegens einer Kindeswohlgefährdung bzw. einer möglichen Beeinträchtigung der Erziehungsfähigkeit ist in jedem Fall erforderlich (vgl. ebd., 22). Art. 4 GG schreibt die freie Religions- und Glaubensausübung in der BRD fest, dies gilt selbstverständlich auch für Eltern. »Der Staat muss religiös und weltanschaulich neutral bleiben. Das bedeutet allerdings kein Verbot für jede staatliche Beurteilung religiös bzw. weltanschaulich geprägter Erziehungsgrundsätze« (ebd.). Für alle fachlichen und gerichtlichen Entscheidungen ist das Kindeswohl die oberste Leitmaxime. Entsprechend müssen die religiösen und weltanschaulichen Überzeugungen der Eltern eben dort in Fragen der Erziehungsfähigkeit einbezogen werden, wo diese im konkreten Fall eine Beeinträchtigung der kindlichen Entwicklung bedeuten können.

> »Ein überzogen autoritärer Erziehungsstil kann mit Blick auf die Rechte des Kindes insbesondere der grundgesetzlich geschützten Glaubensfreiheit des Kindes entgegenstehen, aber auch dessen Menschenwürde, die freie Entfaltung der Persönlichkeit oder die körperliche Unversehrtheit des Kindes verletzen.« (Raack 2006, 23)

Aus der zugrunde gelegten Literatur lassen sich übereinstimmende Formen kindeswohlgefährdenden Verhaltens für das genannte Spektrum zusammenfassen:

- Beeinträchtigung der körperlichen Integrität durch körperliche Bestrafungen, Gewalt, Mangelernährung (vgl. Gollan, Riede & Schlang 2018, 37f.); entwürdigende oder erniedrigende Erziehungsmaßnahmen (vgl. Spürk 2006, 151)
- Soziale Isolation: Persönliche Bindungen zu Personen außerhalb der Gemeinschaft werden unterdrückt und die Kinder bzw. Jugendlichen so in eine Außenseiter*innen-Rolle gedrängt (vgl. Gollan, Riede & Schlang 2018, 34; Spürk 2006, 151, Lang 2010, 46)
- Unzureichende oder gänzlich verweigerte medizinische Versorgung (vgl. Gollan, Riede & Schlang 2018, 41f.; Spürk 2006, 151, Raack 2010, 145)
- Vernachlässigung des Kindes aufgrund überbordender Beanspruchung der Eltern durch religiöse oder ideologische Praktiken (vgl. Gollan, Riede & Schlang 2018, 43, Spürck 2006, 151)
- Unterdrückung altersangemessener und individueller Bedürfnisse durch die Unterordnung unter die Vorgaben und Praktiken der Gemeinschaft (vgl. Gollan, Riede & Schlang 2018, 45)
- Beeinträchtigung der psychischen Entwicklung durch Einschränkung der kindlichen Autonomie, seelische Verletzungen und das systematische Erzeugen extremer Ängste bei dem Kind durch rigide Verhaltensregeln und die Vermittlung von Bedrohungsszenarien (vgl. Gollan, Riede & Schlang 2018, 46f.; Spürck 2006, 151; Raack 2006, 146; Lang 2010, 46)
- Erzeugung überfordernder Loyalitätskonflikte beim Austritt eines Elternteils aus der Gemeinschaft (vgl. Gollan, Riede & Schlang 2018, 49; Spürck 2006, 151)
- Unterbindung des (regelmäßigen) Schulbesuchs (vgl. Gollan, Riede & Schlang 2018, 35f.; Raack 2006, 146)

Helmar Bluhm (2015) betont überdies vor dem Hintergrund der empirischen Befundlage zu christlich-fundamentalistischen Gemeinschaften auch mögliche Beeinträchtigungen des Kindeswohls durch überbordende patriarchalisch-autoritäre Machtstrukturen in den ideologischen Gemeinschaften, die insbesondere die Entwicklungsbedingungen von Mädchen und Frauen signifikant einschränken können (vgl. ebd., 3). Auch die absolute »[…] Orientierung an charismatischen Führerpersönlichkeiten kann das Mündig- und Erwachsenwerden im Glauben verhindern« (Hempelmann zitiert nach Bluhm 2015, 3). Feststehende und als zu bekämpfen deklarierte Feindbilder sowie rigide Denkmuster können nach Bluhm eine Gewalt befördernde

Wirkung sowohl gegen Außenstehende der Gemeinschaft als auch in Form häuslicher Gewalt und körperlicher Züchtigung innerhalb der Familie haben (vgl. ebd., 4). Zu den genannten Beeinträchtigungen lassen sich nach Bluhm ergänzen:

- »Denken in Freund-, Feind-Schemata und das Kind wird hierbei zur Loyalität gegenüber Eltern/Lehre gezwungen« (ebd., 14)
- Absolutheit der vermittelten Ideologien und »ein exklusiver Anspruch auf Wahrheit« (ebd.), kritische Diskussion oder ein Infragestellen ist unmöglich
- »Schaffung von Abhängigkeitsverhältnissen« (ebd.)

In Anlehnung an Lang (2009, 2010) und Lehnert und Radvan (2016) werden die genannten möglichen Beeinträchtigungen anhand von Selbstdarstellungen der HDJ für diese spezifische ideologische Gemeinschaft im weiteren Untersuchungsverlauf geprüft. Da sich den Texten der HDJ-internen Zeitschrift *Funkenflug* entnehmen lässt, dass die Führungsriege der HDJ von dem Mitlesen staatlicher Behörden, antifaschistischer Gruppen und kritischer Journalist*innen ausging, werden sich vermutlich keine Schilderungen eindeutig als strafbar einzuschätzender Erziehungsmethoden wie körperlicher Bestrafungen und Gewalt oder expliziter Erniedrigungen finden. Daher soll der Fokus der Untersuchung vor allem auf die subtileren Formen möglicher Kindeswohlgefährdung bei der HDJ gelegt werden.

4. Die Heimattreue Deutsche Jugend e.V.

Die HDJ beschrieb sich selbst als Jugendbewegung und sah sich in der Tradition völkischer Jugendbünde der 1920er und 1930er Jahre. Um die Selbstbeschreibungen, Erziehungsinhalte und -methoden der HDJ analysieren und einordnen zu können, wird in Kapitel 4.1. zunächst eine Darstellung der Entstehung völkischer Jugendbünde in Deutschland und ihrem Verhältnis zu der Jugendbewegung des frühen 20. Jahrhunderts erfolgen. Die historische Entwicklung völkischer-nationalistischer Jugendbünde wird bis in die aktuelle Zeit nachvollzogen und die HDJ in diese Entwicklung eingeordnet. Folgend wird in Kapitel 4.2. die formale Vereinsstruktur der HDJ, ihre bekannten Mitgliederzahlen und Vereinskonzeption erörtert. Das Vereinsleben der HDJ wird durch eine Beschreibung der gängigen sozialen Praktiken, Rituale und Veranstaltungen, insbesondere während der HDJ-Lager, in Kapitel 4.3. deutlich. Dabei werden auch Kooperationen mit und personelle Überschneidungen zu anderen völkischen und neonazistischen Organisationen deutlich.

4.1. Entstehung völkischer Jugendbünde als Orte institutionalisierter politischer Erziehung

Da für die vorliegende Arbeit die historische Einordnung der HDJ von großer Bedeutung ist, soll folgend eine kurze Darstellung der Entstehung und Entwicklung völkischer Jugendbünde erfolgen. Aus Platzgründen ist es im Rahmen dieser Arbeit nicht möglich, die anderen Jugendbewegungen wie beispielsweise die Arbeiter*innenjugendbewegung oder auch die Pfadfinder*innen genauer zu beleuchten. Zu einer genaueren historischen Einordnung und Betrachtung der Jugendarbeit im beginnenden 20. Jahrhundert bis 1945 sei die Lektüre von Hermann Gieseckes Buch »Vom Wandervogel bis zur Hitlerjugend. Jugendarbeit zwischen Politik und Pädagogik« (1981) empfohlen, die auch die Grundlage für die folgende Darstellung bildet.

Jugend(selbst)organisationen als soziale und kulturelle Bewegungen entstanden in Deutschland vermehrt zu Beginn des 20. Jahrhunderts im Rahmen der zunehmenden Industrialisierung und Ausdifferenzierung des sozialen Gefüges als Antwort auf die aus den Veränderungen resultierenden

Verunsicherungen der Bevölkerung. Im Zuge der durch die nach 1871 massiv verstärkten Industrialisierung kam es durch Binnenwanderungen in die größeren Industriezentren zu einem Zerfall der bisherigen tradierten starren sozialen Ordnungen und Gebundenheiten (vgl. ebd., 12). Giesecke (1981) beschreibt in diesem Zusammenhang »Bewegung« als »[...] eine Reaktion auf eine Situation, die als Krise erlebt wird» (ebd., 11), deren »[...] Zielvorstellungen eher gefühlsmäßig als rational begründet sind [...]« (ebd., 17). Er beschreibt die für die Jugendbewegung zentralen Konstrukte *Gemeinschaft* und *Bund* als eine Variation der »[...] Suche nach ›heilen‹, umfassenden und menschlichen Sozialgebilden inmitten einer parzellierten gesellschaftlichen Zweckhaftigkeit« (ebd., 13). Im Rahmen des nun aufkommenden Jugendkultes sei die neuentdeckte Phase der Jugend zur Projektionsfläche des Bedürfnisses, den Bedrohungen der Gegenwart eine kraftvolle Restitution der traditionellen Werte entgegenzusetzen, geworden (ebd., 13f.). Die Jugendbewegung ist nach Giesecke immer auch von der erwachsenen »Definitionsmacht gegenüber den Problemen Jugendlicher« sowie einer »eigentümliche[n] Mischung von Fürsorge und (politischer, emotionaler, beruflicher) Ausbeutung« (ebd., 16) bestimmt gewesen. Auch in den Jahren bis 1933 war die durchaus heterogene deutsche Jugendbewegung geprägt von dem Widerstreit emanzipatorischer Bemühungen um jugendliche Selbstbestimmung und paternalistischer Zugriffe und Einflüsse durch Erwachsene. Als den pädagogischen Ertrag der *Wandervogel*-Bewegung und der bürgerlichen Jugendbewegung fasst Giesecke unter anderem die Erschließung eines neuen altershomogenen Vollzugsrahmens jugendlicher Sozialisation außerhalb von Elternhaus und Schule mit neuen, eigenen Sozialisationsprinzipien wie ›Jugend erzieht sich selbst‹ und ›Jugend wird durch Jugend geführt‹ zusammen (vgl. ebd., 37f.). Die Erwachsenen stellten den normativen Bezugsrahmen, ohne offensiv aktiv in den neuen jugendlichen Freiraum einzugreifen. Die Arbeiter*innenjugendbewegung wies im Vergleich dazu eine wesentlich stärkere politisch-rationale, emanzipatorische und zukunftsgewandte Ausrichtung aus. Während *Wandervogel* und bürgerliche Jugendbewegung zum Erlebnis der jugendlichen Gemeinschaft aus den Städten in Lager und auf Fahrten zogen, »[...] blieb die Arbeiterjugendbewegung in den immerhin ›schlechteren Vierteln‹ der Städte und wollte diese durch den politischen Kampf menschlicher machen« (ebd., 51). Auch waren in *Wandervogel* und bürgerlicher Jugendbewegung bereits von Beginn an Antisemitismus und Männlichkeitskult prägend, wohingegen die

Arbeiter*innenjugendbewegung diese Merkmale nicht strukturell aufwies. »Ein größerer Gegensatz als zwischen den beiden Jugendbewegungen läßt sich auf den ersten Blick kaum denken.« (ebd.)

In der Weimarer Republik lässt sich dann vor dem Hintergrund des verlorenen Ersten Weltkrieges eine zunehmende Militarisierung der Jugendbewegungen verzeichnen, in deren Zuge dann zunehmend die Trennschärfe zwischen selbstorganisierter Jugendbewegung und paternalistischer Jugendpflege verschwamm. »Zumindest im Sinne einer Tendenz läßt sich sagen, daß die Weimarer Republik den Sieg der öffentlich organisierten Jugendarbeit über die Jugendbewegung brachte.« (ebd., 87) Im Zuge der politischen Polarisierung der Gesellschaft gelang es weder der bürgerlichen Jugendbewegung noch der *Wandervogel*-Bewegung, sich eindeutig politisch zu positionieren, so verloren sie stetig an Relevanz, während die Jugend-Bünde zunehmend an Bedeutung gewannen (vgl. ebd., 90). Die Gemeinsamkeit der einzelnen Bünde war die starke völkische und organologische Orientierung, verbunden mit einer deutlichen autoritären, antidemokratischen Haltung. Auch zeigte sich in den verschiedenen Bünden und Orden eine stark militarisierte Organisationsform inklusive straffer Hierarchie, Marschformationen, Uniformierung und Appellen sowie eine elitäre Abgrenzung gegenüber Nichtangehörigen und der demokratischen Weimarer Republik.

> »Die hier zur Debatte stehenden Bünde verstanden sich [...] als vorweggenommene Alternative zur offiziellen politischen Kultur oder zumindest als Lebensform für die Herausbildung der Führerpersönlichkeiten, die die offizielle Gesellschaft ›eigentlich‹ braucht, aber außerhalb der Bünde – als in ihrem eigenen Erziehungssystem – nicht heranbilden kann.« (ebd., 93f.)

Politisches Ziel war eine ständisch organisierte ›Volksgemeinschaft‹ unter Führung der in den Bünden sozialisierten Führer*innen. Die Vermittlung der politischen Ideale erfolgte nach Giesecke weniger durch gezielte Indoktrination, denn mehr über die »[...] emotionale ›Gestimmtheit‹, verbunden mit den in Reden und Ansprachen immer wiederholten ideologischen Leerformeln sowie die Identifikation mit Ritualen [...]« (ebd., 95).

> »Die Bünde waren mehr oder weniger rassistisch und antisemitisch. Juden hatten keinen Zutritt – außer natürlich in einem eigenen jüdischen Bund. Die schon in der Vorkriegszeit erkennbare soziale Funktion des Antisemitismus, nämlich die eigene elitäre Selbstdefinition durch die Distanz von den ›Fremden‹ zu erhöhen, setzte sich in der Weimarer Republik fort.« (ebd., 97)

Ebenso wie in der Vorkriegszeit handelte es sich bei den Jugendbünden in erster Linie um Männerbünde. Weder sprach die allgemeine soldatisch-männliche Struktur der Bünde Mädchen an, noch waren sich die Verantwortlichen über die Rolle der Mädchen und Frauen in der *Bündischen Jugend* vollständig im Klaren. Während einheitlich das völkische Ideal der Frau als sittliche Mutter in der ›Volksgemeinschaft‹ vorherrschte, gab es auch Stimmen, die (unverheiratete) Frauen und Mädchen als Kameradinnen und Mitkämpferinnen – unter männlicher Führung – adressierten (vgl. ebd., 105). Jungen und Mädchen sollten getrennt entsprechend der vorherrschenden völkischen Geschlechterstereotype als kampfwillige, soldatische Männer oder aber eben mütterliche, fürsorgliche und sittliche Frauen erzogen werden durch entsprechend für geeignet gehaltene Führer*innen (vgl., ebd., 106). Im Gegensatz zur *Wandervogel*-Bewegung wurde die *Bündische Jugend* von Erwachsenengruppen organisiert, sodass der einzige Unterschied zur öffentlichen Jugendpflege nur im offiziellen gesellschaftlichen Auftrag derselbigen bestand. Daher kann durchaus in Frage gestellt werden, ob die *Bündische Jugend* zur Jugendbewegung im ursprünglichen Sinne gezählt werden kann. Auch die Konzeption der Bünde als Lebensbund überschritt strukturell die Phase der Jugend.

Dieses Lebensbundkonzept der *Bündischen Jugend* wurde von der 1926 neugegründeten *Hitler-Jugend* (HJ) strukturell aufgegriffen, die vormals in der HJ aktiven jungen Männer konnten im Anschluss unmittelbar in die SA oder SS wechseln. Ab 1927 gründeten sich auch nationalsozialistische Mädchen-Bünde, welche dann bis 1932 gänzlich in dem 1930 gegründeten *Bund Deutscher Mädel* (BDM) aufgingen (vgl. ebd., 179). Die nationalsozialistischen Jugendbünde arbeiteten dem politischen Ziel der Machtübernahme der NSDAP zu und beteiligten sich an Partei- und Propagandaaktionen. Dabei grenzten sich HJ und BDM nicht elitär gegen Teile der Bevölkerung ab, wie es die *Bündische Jugend* mit ihrem Anspruch der Herausbildung neuer Führer*innen tat, sondern adressierten mit ihren öffentlichen Aufmärschen, ausgeprägtem Aktionismus anstatt intellektueller Problemanalyse, einem eigenen »Helden-Mythos« und Führerkult sowie der offenen Feindschaft gegen die demokratische Weimarer Republik alle soziodemografischen Schichten (vgl. ebd., 180).

> »Von dieser Position aus konnte die HJ die anderen Jugendorganisationen, insbesondere die Bünde und die konfessionellen Gruppen, als bloß partikulare

> attackieren, die selbst zur Zerrissenheit des Volkes beitrügen, und dagegen die Vision einer geeinigten Volksjugend setzen.« (ebd., 181)

Im Juni 1933 ordnete Baldur von Schirach, »Jugendführer des Deutschen Reiches«, die Auflösung der mittlerweile im *Großdeutschen Bund* zusammengefassten *Bündischen Jugend* an, auch die konfessionellen Jugendbünde wurden mit der Zeit aufgelöst und ihre Überführung in die HJ angeordnet (vgl. ebd., 187f.). Dass dieser Bereich der Gleichschaltung in aller Regel ohne Widerstand geschehen konnte, begründet Giesecke mit dem »hohe[n] Maß an geistiger, moralischer und politischer Übereinstimmung mit den Vorstellungen des Nationalsozialismus [...]« (ebd., 190), die einem Widerstand die Grundlage entzog. Im Jahr 1936 wurde die HJ auch formell zur Staatsjugend erklärt, ab Dezember 1939 war der »HJ-Dienst« zwischen dem 10. und dem 18. Lebensjahr für alle Jugendlichen verpflichtend (vgl. ebd., 192f.). Arno Klönne (1982) stellt heraus:

> »Die Auswirkung der HJ-Erziehung lag [...] weniger in der Herausbildung einer breiteren Schicht von fanatisch-aktiven jungen Nationalsozialisten, als vielmehr in der Dressur der Jugendlichen zur Systemanpassung, zum Verzicht auf politische und gesellschaftliche Willensbildung und Spontaneität, in der Verhinderung sowohl der eigentlich politischen Erfahrung, als auch der gesellschaftlichen Utopiebildung – kurz: in der politisch-gesellschaftlichen und, oft genug damit zusammenhängend, ethischen Neutralisierung der Jugend.« (ebd., 124)

In diesem Zuge wurde das Prinzip der bürgerlichen Jugendbewegung ›Jugend führt Jugend‹ inhaltlich entleert und »[...] im Sinne einer frühen [...] Machtentfaltung« funktionalisiert (ebd., 125). Auch Giesecke kommt zu dem Ergebnis, dass der primäre pädagogische Effekt der HJ- und BDM-Erziehung in der Neutralisierung der Jugend als Phase bestand, für welche »[...] das ›Problematisieren‹ vorgefundener Werte, Maßstäbe und Haltungen mit dem Ziel der je individuellen Version von Identität« (Giesecke 1981, 200) charakteristisch ist. Die HJ-Erziehung sei aufgrund der Tatsache der vollumfänglichen Verhinderung der Ausbildung einer eigenen Persönlichkeit mit eigenständiger politischer Überzeugung und Willen der Jugendlichen in sich als eine zutiefst unpolitische Erziehung einzuschätzen (vgl. ebd., 204). Beide Autoren betonen die starke Bedeutung der emotionalen und militärischen Beeinflussung der Jugendlichen, über die sich die Erziehung vorrangig vollzog. Vor allem funktionale Erziehungsaspekte standen im Vordergrund dieser »Formations-Erziehung« (ebd., 203). Alle Bereiche der Freizeitgestaltung (wie Sport, Musik, Kultur) wurden der militärischen Grundstruktur untergeordnet. »Die Kultur der HJ war abgestimmt auf eine Emotionalität, deren Leitmotive Volk, Kampf, Held, Treue, Opfer und Tod waren.« (Giesecke 1981, 203) Dabei ging es nicht um soziale Bindungen innerhalb der HJ, geschweige denn persönliche Autonomie, sondern um die reibungslose »Integration in wechselnde Einheiten« (ebd., 204) des NS-Staates. Die geschaffene Emotionalität in der HJ und dem BDM, verbunden mit der völkischen »[...] Vorstellung von der biologischen Determiniertheit der sozialen Zugehörigkeit und der physischen und psychischen Konstitution« (ebd., 206), neutralisierte das gesellschaftliche Konfliktpotenzial einer reflexionsfähigen Jugend und diente den Jugendlichen als Quelle und Projektionsfläche der eigenen Identität.

Nach 1945 dauerte es nur wenige Jahre, bis die ersten völkischen Jugendbünde gegründet wurden. Den Jugendbünden kommt eine besondere Bedeutung für die nazistische und völkisch-nationale Szene nach 1945 zu. Sie trugen maßgeblich zum Erhalt und zur Verbreitung der völkisch-nationalistischen bis offen nationalsozialistischen Ideologie bei, da sie für die Erwachsenen eine stabilisierende und strukturierende Funktion übernahmen und gleichsam die folgenden Generationen politisch indoktrinierten. »[H]ier konnten Kader und Aktivisten gewonnen werden, um der politischen Bewegung einen aktionsbereiten und handlungsfähigen Funktionärskörper zur Verfügung zu stellen.« (Botsch 2007, 6) In der Nachkriegszeit war es den völkischen Jugendbünden über lange Zeit möglich, als vermeintlich harmlose Pfadfinder-Gruppen unterhalb des Radars der zuständigen Behörden zu bleiben.

> »Es galt, den eigenen Nachwuchs sowohl gegen die Verlockungen der Konsum- und Warenwelt abzuschotten, als auch zu verhindern, dass er kinderlos blieb oder gar mit Menschen Familien gründete, die nach den völkisch-rassistischen Ausschlusskriterien als unerwünscht galten. Angesichts dessen mussten die ›volkstreuen Jugendverbände‹ zweierlei leisten: Sie mussten den einzelnen Jugendlichen im nationalen Milieu hinreichend ideologisch-weltanschaulich imprägnieren, damit er auch als Einzelner in einer kulturell ›riskanten‹ Umwelt bestehen konnte; und sie mussten gleichzeitig in kleinerem Rahmen Gemeinschaft stiften, ein Netzwerk familialer und freundschaftlicher Bande herstellen.« (Botsch 2017, 90)

Folglich wurden nach dem Prinzip der »Harmonisierung« vor allem solche Neumitglieder rekrutiert, die zu den sozialen Gefügen der schon bestehenden Gruppen passten, sodass der Schwerpunkt auf der »milieu-intern stabilisierende[n] Wirkung« (Botsch 2007, 8) lag. Von besonderer Bedeutung waren die 1952 gegründete *Wiking-Jugend e.V.* (WJ) und der 1958 gegründete *Bund heimattreuer Jugend e.V.* (BHJ). Bis in die 1970er waren beide Jugendbünde »[...] im ›Kameradschaftsbund Nationaler Jugendverbände‹ [KNJ] organisiert, veranstalteten gemeinsam Lager und teilten auch dasselbe Symbol: Die ›Odalsrune‹» (ebd.). »Im Nationalsozialismus hatte bereits die HJ diese Rune verwendet, da sie für ›Blut und Boden‹ oder allgemein für ›Besitz‹ der Familie beziehungsweise ›Sippe‹ stand.« (Röpke 2007a, 78) Die WJ umfasste 500 bis 600 Mitglieder, nach Eigenangaben wurden hier bis zu 15.000 Kinder und Jugendliche völkisch-nationalsozialistisch sozialisiert (vgl. Bauerschmidt, Brandt, Jentsch & Ohrowski 1996, 320). Neben dem Bestreben der Etablierung einer völkischen Parallelgesellschaft in Form der Jugendarbeit und der Gründung gemeinsamer ländlicher Siedlungsprojekte ab den 1980er Jahren (vgl. Botsch 2017, 91) war die paramilitärische Ausbildung zentraler Bestandteil der WJ. Dies zeigt sich nicht nur anhand der dokumentierten militärisch strukturierten Lagerabläufe und der hierarchischen Organisationsstruktur, sondern auch an diversen schweren und gewaltsamen Übergriffen auf Journalist*innen am Rande von WJ-Veranstaltungen (vgl. Botsch 2007, 9) sowie an der hohen Zahl verurteilter Rechtsterroristen aus den Reihen der WJ. Exemplarisch seien hier Manfred Börm und Uwe Rohwer genannt, die 1979 im sogenannten *Bückeburger Prozess* zu mehrjährigen Haftstrafen wegen Mitgliedschaft in einer terroristischen Vereinigung verurteilt wurden (vgl. Bauerschmidt, Brandt, Jentsch & Ohrowski 1996, 321). Gundolf Köhler, Haupttäter im sogenannten Oktoberfestattentat von 1980, bei dem 13 Menschen getötet und 211 teils schwer verwundet wurden, war zeitweise Mitglied der WJ[13]. Auch der verurteilte Rechtsterrorist Odfried Hepp wurde politisch als Mitglied sowohl des BHJ als auch der WJ in den gemeinsamen Lagern in den 1970er Jahren sozialisiert (vgl. Winterberg 2004, 48f.), 1979 wurde Hepp »Gauführer Schwaben« der WJ (vgl. ebd., 59). Diverse Mitglieder unterhielten Kontakt zur 1980 verbotenen *Wehrsportgruppe Hoffmann* oder gründeten eigene Wehrsportgruppen, wie bspw. Odfried Hepp, der die *Wehrsportgruppe Schla-*

13 Siehe z.B. Maus 2015.

geter gründete (vgl. ebd., 62), oder auch der »Gauführer Westfalen« Gerd Ulrich, der in den 1990er Jahren eine eigene Wehrsportgruppe in Ostwestfalen führte (vgl. Röpke & Speit 2019, 70). 1987 spaltete sich eine Gruppe von der WJ ab, welche seitdem unter dem Namen *Deutscher Jugendbund – der Sturmvogel* völkische Jugendarbeit betreibt. Der *Sturmvogel* grenzte sich vom offensiv militanten Kurs der WJ ab, viele der Funktionär*innen wiesen (und weisen bis heute) aber eindeutige Verbindungen in die organisierte neonazistische Szene auf (vgl. Bauerschmidt, Brandt, Jentsch & Ohrowski 1996, 250f., zudem Röpke 2016). 1994 wird die WJ verboten, sie konnte 42 Jahre lang – trotz offensichtlicher ideologischer Ausrichtung, paramilitärischen Ausbildungseinheiten und Mitgliedschaften von Rechtsterroristen – bestehen (vgl. Röpke 2010, 77). Seitdem ist auch die Odalrune offiziell als Symbol einer verbotenen Vereinigung eingestuft. Eine ausführliche und qualifizierte Darstellung der WJ, ihrer Erziehungsprinzipien und der paramilitärischen Ausrichtung findet sich bei Röpke 2007a (vgl. ebd., 21f.).

Die unverhohlene Militanz der WJ löste in dem langjährigen Partner BHJ einen Richtungsstreit aus, der zwischen 1977 und 1985 ausgetragen wurde. Mitte der 1980er Jahre kamen die Aktivitäten des BHJ aufgrund dessen fast gänzlich zum Erliegen, hunderte Mitglieder traten aus. Dabei stritten sich die BHJ-Funktionäre über den weiteren (öffentlichen) politischen Kurs des Jugendbundes, da es Bestrebungen gab, sich vom offensiv neonazistischen Kurs der WJ in der Öffentlichkeit abzugrenzen und sich in die vermeintlich unverfänglichere Tradition der *Bündischen Jugend* zu stellen. 1990 überwog dann die gemäßigte Fraktion der BHJ, es erfolgte die Umbenennung in *BHJ – Der Freibund*, das ehemalige Symbol Odalrune wurde zugunsten einer aufgehenden weißen Sonne vor schwarzem Hintergrund aufgegeben. Parallel spaltete sich 1990 eine radikale Gruppierung von der BHJ ab, die seit Ende 1990 dann unter dem Namen *Die Heimattreue Jugend e.V.* (DHJ) auftrat (siehe zu der Entwicklung des BHJ ausführlich AIB 74, 1.2007). Diese DHJ wurde dann im Jahr 2000 in *Heimattreue Deutsche Jugend (HDJ) – Bund zum Schutz für Umwelt, Mitwelt und Heimat e.V.* umbenannt und zog in den Folgejahren immer mehr der vormaligen WJ-Funktionäre als neues Betätigungsfeld an. Den genannten nationalistischen Jugendbünden nach 1945 war die emotionalisierte und hochgradig ritualisierte Form der institutionalisierten Kinder- und Jugenderziehung über die Mittel der Wochenend- und Ferienlager, ritueller völkischer Feiern, sogenannter Heimabende sowie regelmäßiger Einheits-Treffen und -Ausflüge gemein. Wettbewerb, körperliche Ertüchtigungen und ideologische Schulungen waren feste Bestandteile, ebenso wie die gender-heteronormative Uniformierung der Mitglieder. In der Organisation und Infrastruktur der Lager und Heimabende, der finanziellen Absicherung sowie nicht zuletzt dem Transfer der Ideologien und Werte in den privaten Raum waren die Elterngenerationen von zentraler Bedeutung. Die Teilnahme an den schon in den 1970ern oftmals konspirativ geplanten Veranstaltungen der Bünde war nicht niedrigschwellig, was auch die wiederholten Angriffe auf Journalist*innen belegen. Die Mitgliedschaft und Teilnahme insbesondere jüngerer Kinder erfolgte ausschließlich aufgrund des elterlichen Wunsches nach einer nationalistisch-völkischen Gemeinschaftserziehung.

4.2. HDJ: Vereinsstruktur

Der Vereinsname *Die Heimattreue Deutsche Jugend (HDJ) – Bund zum Schutz für Umwelt, Mitwelt und Heimat e.V.* entstand offiziell im Jahr 2000, nachdem die bisher geführte Bezeichnung *Die Heimattreue Jugend* mit ihrer Abkürzung HJ als zu anfällig für etwaige staatliche Verbotsverfahren abgelehnt worden war (vgl. Röpke 2007a, 39).

In der Satzung gab die HDJ an, »[…] ausschließlich und unmittelbar gemeinnützige Zwecke […] durch Förderung der geistigen, charakterlichen und körperlichen Entwicklung der männlichen und weiblichen Jugend, des Jugendsports und der Jugendbildung« (HDJ-Satzung § 3 Absatz a) zu verfolgen. Durch »[…] Jugendlager, Jugendfahrten ins In- und Ausland sowie Sport und Bildungsveranstaltungen […]« (§ 3 Absatz b) sollte die Jugend »[…] zu dem Nächsten hilfreichen, der Heimat und dem Vaterland treuen und dem Gedanken der Völkerverständigung aufgeschlossenen Staatsbürgern […]« (ebd.) erzogen werden. Als ordentliche Vereinsmitglieder galten junge Menschen vom 7. bis zum 25. Lebensjahr, von dieser Altersbegrenzung waren »Einheitsführer und Mitglieder/ Mitarbeiter der Bundesführung« (§ 7 Absatz a) ausgenommen. Darüber hinaus konnten Menschen jeden Alters als »unterstützende Mitglieder« dem Verein beitreten (§ 7 Absatz b). Der 1. und 2. Bundesführer stellten gemeinsam mit der Bundesführerin der Mädchen und dem Bundeskassenwart sowie weiteren Mitarbeitenden die Bundesführung (§ 12). Der Bundesführer war allein vertretungsberechtigt für die gesamte HDJ, die Bundesführerin der Mädchen fungierte als Sprecherin der weiblichen Jugend »nach innen und außen« (§ 13 Absatz b). Der Verein selbst war innerhalb der Bundesländer in Leitstellen und innerhalb derer in Einheiten untergliedert (vgl. § 14), die »Einheitsführer« wurden durch die Bundesführung »[...] nach erfolgter jugendpflegerischer Ausbildung eingesetzt« (§ 16) und durch einen einfachen Mehrheitsbeschluss der Einheitsmitglieder bestätigt. Bereits in der Satzung der HDJ zeigt sich eine streng hierarchische und patriarchale Struktur. Die zentralen Posten der Bundesführung waren zunächst dezidiert männlichen Personen vorbehalten. Die Betreuung und Führung der weiblichen Kinder und Jugendlichen sollte durch ein – von den männlichen Bundesführern für geeignet befundenes – weibliches Mitglied erfolgen. Als Bundesführerin der Mädchen war die weibliche Führungsperson den männlichen 1. und 2. Bundesführern nicht gleichgestellt. Dieses patriarchal-hierarchische Muster setzte sich auf allen Ebenen der HDJ fort. Weiblichen Mitgliedern über 25 Jahren kamen zumeist Care-Arbeitsaufgaben wie das Bestellen der Lagerküchen und Kochen für Tagesveranstaltungen und Feiern zu. Der sogenannte Technische Dienst – bestehend aus männlichen Mitgliedern zumeist über 25 Jahre – besorgte den Lageraufbau, wartete die Ausrüstung und bereitete die Lager und Zusammenkünfte strukturell vor. Weibliche Einheitsführerinnen übernahmen während der Lager die Betreuung der weiblichen Mitglieder. Junge Mädchen und Frauen wurden in als weiblich – nach völkisch-neonazistischen Prinzipien – bemessenen Aktivitäten, Fertigkeiten und Ideologien unterwiesen. Die ideologischen Schulungen wurden vermehrt von männlichen Einheitsführern abgehalten, wie Lagerberichte im *Funkenflug* nahelegen.

Die HDJ gab eine vereinseigene Zeitschrift mit dem Titel *Funkenflug – jung – stürmisch – volkstreu* heraus, welche zwischen 2000 und 2008 mit drei bis vier Ausgaben pro Jahr erschien. Verantwortlicher im Sinne des Presserechts war der jeweilige 1. Bundesführer. Im Jahr des Vereinsverbots 2009 wurde aufgrund des erfolgten Verbotes nur eine Ausgabe herausgebracht. Im *Funkenflug* mischten sich Volkstumstexte und Kurzgeschichten mit Ernährungstipps und weltanschaulich-politisch indoktrinativen Texten. Dabei waren neben der Überhöhung der antizipierten Volksgemeinschaft insbesondere Geschichtsrevisionismus und die Abgrenzung sowohl zur Gesellschaft als auch innerhalb der neonazistischen Szene als Themen dominant, wie im empirischen Teil der vorliegenden Arbeit gezeigt wird. Außerdem erschien jährlich der vereinseigene Kalender *Unser Leben*, der die HDJ-Mitglieder »[...] als treuer Gefährte das ganze Jahr über begleiten« (*Unser Leben* 2000, 2) sollte. Im Abstand von ca. drei Wochen hielt die HDJ Zeltlager bundesweit ab (vgl. Röpke 2007a, 42). Dazu kamen nach Möglichkeit wöchentlich abgehaltene sogenannte Heimabende sowie Familien- und Einheitstreffen in den einzelnen Einheiten. Die Taktung der HDJ-Veranstaltungen war also zeitlich sehr eng. Über die Publikationen wie den *Funkenflug*, Führerrundbriefe, Einladungsbriefe zu den Lagern und Treffen sowie den Kalender wurden die Mitglieder auch in veranstaltungsfreien Zeiten an ihre Pflichten als HDJ-Mitglieder erinnert. Überdies waren viele der Familien auch privat eng verbunden, Freundschaften und persönliche Beziehungen innerhalb der HDJ wurden ausdrücklich gefördert und befürwortet. So gab die HDJ auf der eigenen Internetseite an:

> »Nicht umsonst kommen viele volksbewußte Deutsche aus der heimattreuen Jugendbewegung. Ungezählte junge Familien entstammen aus unseren Reihen, manche Ehepaare sind schon als Kinder gemeinsam auf Fahrt und Zeltlager gefahren. Eltern, die früher selbst einmal bei uns gewesen sind, schicken heute ihre Kinder auf unsere Lager. So wuchs und wächst die volkstreue Familie in Deutschland seit Generationen.«

Die HDJ war nach dem Lebensbundkonzept organisiert. Viele Familien waren seit Generationen nationalsozialistisch-ideologisch gefestigt und in verschiedenen völkischen Jugendbünden aktiv. Gemäß dem Leitsatz ›Von der Wiege bis zur Bahre‹ wurde und wird in diesem Spektrum das Familienleben zum politischen Kampfakt, in welchem die Familie, genannt Sippe, als kleinste Einheit des Volkes angenommen wird. »Eine Geburt ist innerhalb dieser Gruppen von herausragender Bedeutung, da sie sich als generationsübergreifende Lebensbünde verstehen, die nur dank hoher Geburtenraten überleben.« (Röpke & Speit 2019, 66) Im *Funkenflug* wurden Geburten gesondert beglückwünscht, die Geburtsanzeigen nannten den Namen der Eltern, des Kindes sowie die Anzahl der Kinder: »Zur Geburt gratulieren wir den stolzen Eltern! [...] Friedrun-Hedda (03.11.2005), Ulrike & Frank (5. Kind)« (FF 4/2005, 21). Auch Hochzeiten, in der HDJ Eheleite genannt, wurden in dieser Rubrik als Baustein des völkischen Fortbestehens gefeiert. Von der Pflicht zur Fortpflanzung, über den besten Zeitpunkt der Familiengründung, über die richtige Namenswahl, Ernährung und Kleidung bis zu der HDJ als aktivem Erziehungspartner an der Seite der völkisch-neonazistisch gesinnten Eltern war im *Funkenflug* alles zu finden (siehe Kapitel 5).

Entgegen der Selbstbeschreibung war die HDJ keine Jugendorganisation, sondern eine Lebensbundorganisation, die auch die Eltern stark in die

Verantwortung nahm, die Kinder als völkische Elite von morgen zu erziehen und das familiale Leben ganz den politischen Zwecken unterzuordnen.

Die HDJ forderte von den Mitgliedern Bekenntnis und Kampfbereitschaft, insbesondere Kinder und Jugendliche sollten zu einer Verkörperung dieses Kampfes erzogen werden. Mit dieser offensiv kämpferischen Ausrichtung stand die HDJ in direkter Tradition der *Wiking Jugend* und der *Hitler-Jugend*. Insbesondere zu der 1994 verbotenen WJ bestanden viele personelle Überschneidungen, wie antifaschistische Recherchen und investigative Journalist*innen belegen konnten (z.B. Röpke 2007a). Viele frühere Mitglieder und Funktionäre der WJ übernahmen in der HDJ Führerposten und trugen zur ideologischen Ausrichtung der HDJ bei. Exemplarisch seien hier Bundesführer Sebastian Räbiger (vgl. Röpke 2007a, 73), Petra Müller (vgl. ebd., 68), Manfred Börm (vgl. ebd., 75) und Gerd Ulrich (vgl. ebd., 77) genannt.

Mit dem internen Chat auf der Website konnte auch im Alltag zwischen den Mitgliedern bundesweit leicht Kontakt gehalten werden. Auch hier wurden die Mitglieder beständig an die von ihnen erwartete Haltung erinnert. So zitiert Röpke (2007) eine Äußerung des damaligen Bundesführers Sebastian Räbiger in dem internen Forum:

> »Ich bin der festen Ansicht, dass man den Kindern und besonders den eigenen alles vorleben muß, was man sich zur Aufgabe gestellt hat. Das heißt im Klartext: Ich esse nicht bei MCD [McDonalds, d.V.], ich trage keine Jeans, ich versuche die deutsche Sprache ordentlich zu sprechen. Ich kaufe nicht bei Ausländern...« (ebd., 75).

Bei den großen Pfingst-, Sommer- und Winterlagern kamen bis zu 200 Minderjährige und Erwachsene aus den Einheiten bundesweit zusammen (vgl. ebd., 44). Das Bundesverwaltungsgericht gab die Anzahl der Mitglieder zum Zeitpunkt des Vereinsverbotes vom 09.03.2009 mit ca. 400 Mitgliedern an (vgl. BVerwG 6 A 4.09, 2). Im sogenannten Familien- und Freundeskreis (FFK) konnten sich Mitglieder außerhalb der Altersspanne der regulären Mitglieder einbringen. Dieser Zusammenschluss sollte die »[...] organisatorische und logistische Grundlage der HDJ« (FF 1/2001, 6) erweitern, z.B. durch das Engagement im Technischen Dienst oder das Übernehmen des Lager-Küchendiensts. Der FFK sollte dabei »[...] als Bindeglied zwischen den Eltern und Freunden und der Jugendarbeit« (ebd.) fungieren. Durch die strukturelle Einbindung des FFK sollten auch jüngere Kinder und

Kleinstkinder »[...] schon an die Ideen und Aktivitäten der heimattreuen Jugendbewegung [...]« (ebd.) herangeführt werden.

4.3. HDJ: Vereinsleben

> »Die Teilnahme war Pflicht. Wenn Mitglieder fehlten oder sich nur unverbindlich blicken ließen, flatterten böse Briefe ins Haus, die ein für alle Mal klarmachten, dass die HDJ kein Freizeitverein, sondern eine Vereinigung war, der man sich mit Haut und Haaren verschrieb und ein Leben lang verpflichtet fühlte.« (Benneckenstein 2017, 61)

Alle Veranstaltungen und Lager unterlagen durch die Bundesführung vorgegebenen Abläufen, die Teilnahme war obligatorisch. Die Abläufe sollten den erzieherischen Effekt der Lager erhöhen. Jeder Tischspruch, jede körperliche Ertüchtigung und jede Schulung diente der Heranbildung einer völkisch-neonazistischen jugendlichen Elite, die wehrhaft und ideologisch versiert die Führer von morgen stellen sollte. So war einer HDJ-internen Anweisung über die korrekte Durchführung von Schulungsabenden folgender Merksatz vorangestellt: »Es ist jeweils die Methode die Beste, die unsere jungen Mitstreiter zu fanatischen nationalsozialistischen Freiheitskämpfern erzieht.« (zitiert nach BMI ÖS III 4 – 619 312/46, 24)

Der Lageralltag folgte einer festen, stark durchstrukturierten Tagesordnung. Nachdem die Lagerteilnehmenden durch eine Fanfare geweckt wurden, musste zum täglichen Frühsport angetreten werden, wetter- und jahreszeitunabhängig draußen und in kurzer Sportbekleidung. »Wie jeden Morgen gab es Frühsport im Schnee. Für einige etwas gewöhnungsbedürftig, weil es für sie der erste Schnee in diesem Winter war. Aber für die HDJ kein Grund, ihren Sport ausfallen zu lassen.« (FF 2/2008, 17) Dann durfte das Frühstück (meist bestehend aus Apfelmus und Haferflocken) eingenommen werden (z.B. FF 2/2007, 19). Dem ehemaligen HDJ-Mitglied Heidi Benneckenstein zufolge musste jeden Tag ein anderes Kind vor dem Essen »einen völkischen Sinnspruch« (Benneckenstein 2017, 66) aufsagen; die Tischsprüche waren Bestandteil der ideologischen Ausbildung und ihr Auswendiglernen verpflichtend für die Mitglieder. »Diese gelebte und weiterentwickelte Form des Brauchtums und des Lebensgefühls unserer Art, tritt gerade heute wieder verstärkt in den Vordergrund. Das Besinnen auf unsere eigene Kraft und auf die Natur, der wir zugehörig sind, läßt uns in Vers und

Gedicht tief in die Seele des Volkes blicken« (*Unser Leben* 2009, 19), heißt es in einem Werbetext für das über die Abteilung »Beschaffung« zu erwerbende Tischspruchbuch im HDJ-Kalender *Unser Leben* 2009. Die Kinder und Jugendlichen hatten im Anschluss jeden Morgen einen Fahnenappell, die sogenannte Morgenfeier zu absolvieren, dabei mussten sich die Mitglieder nach Gender und Größe geordnet aufstellen und stillstehen. »Unsere Morgenfeiern sind fester Bestandteil im Tagesablauf eines Lagers. [...] [Die Morgenfeier, d.V.] hat die Aufgabe der seelischen Formung und Festigung, der seelischen, d.h. der wirklichen innerlichen ›Wehrhaftmachung‹» (FF 1/2008, 22) der Teilnehmenden. Der weitere Tag bestand aus einem Wechsel sportlicher Einzel- und Gruppenwettkämpfe, ideologischer Schulungen sowie sogenannter Neigungsgruppen, in denen zumeist genderspezifische Aktivitäten, aber auch Outdoor-Überlebenstechniken genderübergreifend vermittelt wurden. Obligatorisch für jedes HDJ-Lager waren Sportwettkämpfe, sowohl als Einzel- als auch als Gruppenwettkampf. Bei den Einzelwettkämpfen mussten die Kinder und Jugendlichen in altersgestaffelten Gruppen gegeneinander antreten, um so die jeweils Besten herauszustellen. Die Gewinner*innen wurden am sogenannten Bunten Abend vor dem gesamten Lager geehrt. Sportliche Fitness und körperliche Wehrhaftigkeit war ein dezidiertes Ausbildungsziel und Ideal der HDJ. In den AGs wurden die Kinder und Jugendlichen geschlechtergetrennt in verschiedenen Aktivitäten und Fertigkeiten unterrichtet. »Es folgten abwechslungsreiche Tage mit Arbeitsgemeinschaften wie: Fanfarenzug, Kampfsport, Rhetorik und Überleben im Freien für die Männer, und eine Arbeitsgruppe Ernährungskunde für die Mädel und Frauen.« (FF 2/2006, 19) Auch ideologische Schulungen waren fester Bestandteil der Lager. Dabei wurden sowohl strukturell-erzieherische Inhalte wie die zukünftige Ausrichtung völkischer Jugendarbeit zum Thema (vgl. FF 1/2009, 19), als auch neonazistisch-politische – insbesondere rassistische und antisemitische – Propaganda verbreitet. Die HDJ umschreibt dies im *Funkenflug* so:

> »Eine weltanschaulich-historische Ausarbeitung zur Entstehung von Menschen, Rassen und Völkern sowie eine praktische Einheit zur Gestaltung von HDJ-Dokumenten und den Versand von Massenpostsendungen rundeten das Schulungsangebot an diesem Wochenende ab.« (FF 4/2005, 20)

Schon junge Kinder wurden in diesen Schulungen unterwiesen: »Da es an vielen Schulen oft zu Ausschreitungen und Übergriffen von Ausländern kommt, diskutierten wir das Thema ›Multi-Kulti‹ mit den ›Älteren‹ ab zehn Jahren und tauschten Erfahrungen, Fragen und Antworten aus.« (FF 2/2006, S. 18) In der Verbotsverfügung des Bundesinnenministeriums wird der damalige Bundesführer Sebastian Räbiger zum Thema »Rassenkunde« zitiert:

> »Die gesamte Bildungs- und Erziehungsarbeit des völkischen Staates soll einst ihre Krönung darin finden, daß sie den Rassensinn und das Rassengefühl instinkt- und verstandesgemäß in Herz und Gehirn der ihr anvertrauten Jugend hineinbrennt. Die Notwendigkeit und das Wesen der Blutreinheit sollte jeder Knabe und jedes Mädel kennen, denn: Die Rassenlehre ist der Schlüssel zur Weltgeschichte!« (BMI ÖS III 4 – 619 312/46, 21)

Die vermittelten Inhalte der »Rassenkunde«-Schulungen wurden abschließend in einem Wissenstest »[...] unter der Rubrik ›Volk und Rasse‹ abgefragt« (ebd., 22).

Langanhaltende Pausen oder gar ein Verweigern der Teilnahme an den Aktivitäten waren nicht vorgesehen. Benneckenstein beschreibt die Atmosphäre des Lageralltags: »Jeder unserer Schritte würde überwacht und kontrolliert. Es gab keine Ausnahmen. Nie wurde ein Auge zugedrückt. [...] Es herrschten militärische Härte und Disziplin, ein Klima der Angst und Unterdrückung.« (Benneckenstein 2017, 62) Auch leichte körperliche Krankheitssymptome wie Kopfschmerzen oder Bauchschmerzen wurden nicht als Begründung für ungeplante Ruhepausen anerkannt. »›Wie, du hast Bauchschmerzen?‹, hieß es dann, wenn sich sechsjährige Jungen auf der Isomatte krümmten. ›Bei uns gibt es keine Schmerzen. Raus mit dir zum Frühsport!‹« (ebd., 64)

Die Tage wurden durch einen Schlussappell beschlossen, dem sich eine Zeit am Lagerfeuer mit Gesang zumeist nationalsozialistischen Liedguts anschloss. Mitunter gab es Nachtwanderungen, wie Lagerberichte im *Funkenflug* belegen (bspw. FF 2/2006, 20). Nach Aussagen des früheren HDJ-Mitglieds Heidi Benneckenstein musste am letzten Tag jeden Lagers die sogenannte Pimpfenprüfung abgelegt werden.

> »Um die Prüfung zu bestehen, musste man mehrere Aufgaben erfüllen:
> 1. Alle drei Strophen des Deutschlandlieds und das Bundeslied der HDJ vorsagen,
> 2. drei Tischsprüche aufsagen,
> 3. Karte und Kompass lesen,
> 4. fünf verschiedene Knoten machen,

5. sämtliche abgetrennten Gebiete Deutschlands aufzählen,
6. einen Meldelauf absolvieren (man bekam einen Text vorgetragen, den man nach einem 1-Kilometer weiten Dauerlauf wörtlich wiedergeben musste).
Wer so weit gekommen war, hatte noch eine letzte Mutprobe zu bestehen.« (Benneckenstein 2017, 70)

In einem Werbevideo der HDJ, das über die vereinseigene Website abrufbar war, sind Szenen einer solchen Mutprobe festgehalten. Kinder im Grundschulalter müssen sich mit verbundenen Augen aufrecht auf die Schultern eines erwachsenen Unterführers stellen, welcher direkt neben senkrecht aufgestellten spitzen Holzpflöcken steht. Das Kind muss sich in blindem Vertrauen von den Schultern des Führers – mit der Gefahr, auf die Pflöcke zu stürzen und sich lebensgefährlich zu verletzen – in die Arme anderer Unterführer fallen lassen (HDJ-Werbevideo, Min 1:08- 1:15). Hier wurden Kinder also ganz gezielt der berechtigten Angst vor lebensbedrohlichen Verletzungen ausgesetzt, um so Disziplin und Gehorsam – als Mut geframt – zu testen.

Am Ende eines jeden Lagers wurde gemeinsam eine sogenannte Heldengedenkfeier abgehalten. Diese Heldengedenken standen ganz im Zeichen geschichtsrevisionistischer NS-Nostalgie und zeichneten für die Teilnehmer*innen das Bild NS-Deutschlands in der Opferrolle als missverstandener, im Kern progressiver Staat. Die BRD wurde beständig als feindliches und abzuschaffendes Unrechtssystem tituliert, welches zum Zweck der Volkszersetzung ein völkisches Gedenken unterbinden würde.

»Gerade uns jungen Teilnehmern ist es so wichtig, abseits von allem Verleugnen und Bespotten derer zu gedenken, die für Deutschland alles gaben und auch alles verloren. Ihr Andenken soll aus unserem Herzen, aus dem Herzen unseres Volkes gerissen werden. Doch wir wissen, daß ihr Tod nicht sinnlos war!« (FF 1/2002, 8)

Bei HDJ-Veranstaltungen und Lagern galt Kluft-Pflicht, die entsprechende uniforme Kleidung wurde über die Abteilung »Beschaffung« direkt von der HDJ vertrieben. Für männliche Mitglieder bedeutete dies konkret »Grauhemd, schwarze Hose, Koppel mit Koppelschloß, festes Schuhwerk, Volkstanzkleidung (schwarze Hose, weißes Hemd), Juja oder dunkelblauer Pullover« (FF 2/2006, 8). Weibliche Mitglieder hatten »weiße Bluse, blaue[n] Rock, festes Schuhwerk, Volkstanzkleidung (Dirndl o.ä.), Juja oder Mädeljacke« (ebd.) mitzuführen. Als Sportzeug waren – saisonunabhängig – »ein weißes Sporthemd, eine kurze Sporthose und Laufschuhe« (ebd.) mitzuführen. Entsprechend der internen Rangfolge (Leitstellen-, Einheits-, Bundesführer etc.) waren Rangabzeichen an der Kluft angebracht.

> »So wächst in jedem von uns eine Haltung, die dem ich-orientierten, kapitalistischen System spinnefeind sein muß, weil sie grundlegende sozialistische, jugendliche Ideale verwirklicht. Und so, wie jeder einzelne diesem Leitsatz nacheifert, so muß sich auch die Gemeinschaft als Ganzes diesem Ideal anschließen.« (FF 2/2004, 7)

Wurde die Kluft nicht vollständig mitgeführt, wurden die Eltern brieflich gerügt: »Wir erinnern daran, dass unsere Kluft nicht aus hellblauen, grauen oder gestreiften Pullis besteht. Fehlende Teile können ausgeliehen werden.« (zitiert nach Benneckenstein 2017, 63) Auch andere Fahrtenausrüstung konnte direkt über die »Abteilung Beschaffung« erworben werden, dazu gehörte das HDJ-Fahrtenmesser, welches nach erfolgter Messerprobe bezogen werden durfte (z.B. FF 2/2006, 2). Auch Besteck, Kochgeschirr, Leistungsabzeichen und Fahrtenrucksäcke (z.B. »Tornister ›Affe‹ Wehrmacht«, FF 2/2006, 2) konnten dort bezogen werden. So wurde ein einheitliches, den HDJ-Idealen entsprechendes äußeres Auftreten sichergestellt. Individualität war nicht gewünscht, der Einzelne sollte hinter der Gemeinschaft zurückstehen. Gender-binäre Kleidung war obligatorisch, darüber hinaus waren Jeans, kurze Röcke oder Kleidung mit Markenemblemen nicht erwünscht. Alle HDJ-Veranstaltungen waren an dem Ziel der Neubildung einer völkisch-neonazistischen Großgemeinschaft orientiert. Zu diesem Zweck standen sportliche Ertüchtigungen ebenso wie ideologische Schulungen auf dem Programm jeder Zusammenkunft. Auch eintägige Treffen der Einheiten oder Familien- und Freundeskreise waren nach diesem Muster organisiert, wie aus den regelmäßigen Berichten aus den Einheiten im *Funkenflug* klar hervorgeht. Jahreszeitliche Feiern wie Winter- oder Sommersonnenwende sowie sogenannte weltanschauliche Feiern wurden ebenfalls, sofern nicht auf einem Lager stattfindend, in den jeweiligen Einheiten abgehalten. Die weltanschaulichen Feiern waren die einzigen Zusammenkünfte, bei denen körperliche Ertüchtigungen nicht fester Bestandteil des Prozedere waren. Sie erfolgten nach klar festgelegten rituellen Abläufen, welche die HDJ-Bundesführung in dem internen Ausbildungsheft *Wegweiser 1: Weltanschauliche Feiern* darlegte. Die weltanschaulichen Feiern waren insbesondere durch die ideologische Ausrichtung am historischen Nationalsozialismus geprägt. Sie umfassten geschichtsrevisionistische Heldengedenkfeiern für die deutschen Soldaten insbesondere der Wehrmacht und SS, Feierstunden für konkrete Vorbildpersonen wie Freikorps-Führer oder NS-Literaten sowie die Ehrung bestimmter historischer Ereignisse wie die Reichsgründung.

> »All diesen Feiern liegen Inhalte zugrunde, die ihre Wurzeln in unserer Weltanschauung haben. Sie kreisen um Personen oder Ereignisse, die das Schicksal unseres Volkes im Guten wie im Schlechten beeinflußt haben. In keinem anderen Land der Erde wären diese Feiern denkbar. Betreffende Ereignisse sind nicht, wie z.B. bei jahreszeitlichen Feiern, naturgegeben, sondern von Menschen- (und Völker-)Hand gestaltete Lebenswirklichkeit, also Geschichte. Deshalb begehen wir diese Feiern als Grundlage unseres eigenen alltäglichen Handelns. Denn auch wir wollen einst Geschichte schreiben!« (HDJ-Ausbildungsschrift *Wegweiser* 1, 3)

Von dem Ort über die zu verwendende Musik bis hin zur Aufstellung der Mitglieder gab es genaue Vorgaben, die es bei der Organisation der Feierstunden zu beachten galt. In der Verbotsverfügung stellte das Bundesinnenministerium heraus, dass sämtliche Veranstaltungen sowie Publikationen und interne Mitteilungen der HDJ an der Vermittlung einer dem historischen Nationalsozialismus entsprechenden Ideologie ausgerichtet waren (vgl. BMI ÖS III 4 – 619 312/46, 5). Verwendete und beworbene Literatur, Lieder und über die »Abteilung Beschaffung« vertriebene Liedersammlungen und CDs wiesen durchgängig eine ideologische Nähe zum historischen Nationalsozialismus auf.

> »Die von der Bundesführung der HDJ herausgegebene und bei der ›Abteilung Beschaffung‹ erhältliche ›Liedersammlung‹ ist wegen der gemeinschaftsbildenden und damit politischen Kraft der Musik wichtiger Bestandteil im Programm von Veranstaltungen, Lagern und Treffen der HDJ. Sie ist daher bei Aktivisten durchgängig vorhanden. Veranstaltungsleiter halten sie auch in größeren Stückzahlen vorrätig, um Neulinge bei Bedarf damit ausstatten zu können. Die Sammlung enthält Kampf- und Pflichtlieder der NS-Zeit, deren Gebrauch die HDJ als ›Lieder für unsere Feiern (eine Auswahl)‹ ausdrücklich ans Herz legt, um so auf wesentliche Symbole der nationalsozialistischen Herrschaft hinzuweisen und deren Ideologie zu vermitteln.« (ebd., 15)

Auch das Symbol der HDJ, »[...] eine rote Flamme, umgeben von einem Kreis auf schwarz-weißem Grund [...]« (ebd., 16), war Ausdruck der ideologischen Ausrichtung der HDJ. »Die Farben Schwarz, Weiß und Rot sind die Farben des Reiches, für das zum Beispiel schon Bismarck gekämpft hat.

Schwarz und Weiß sind außerdem die Farben von Preußen. Die preußischen Tugenden versuchen wir auf den Lagern und Fahrten zu leben.« (FF 1/2002, 4) Der Kreis symbolisiere die Gemeinschaft der HDJ: »So wie wir für unsere Familie und unser Land einstehen, so halten wir auch an unserer Gemeinschaft, an unseren Kameraden fest.« (ebd.) Die Flamme repräsentiere die Freiheit: »Wir wollen frei sein, so wie unser Land frei und selbstbestimmt sein soll, dafür stehen wir ein.« (ebd.) Zum Zweck des Erreichens dieser Freiheit waren paramilitärischer Drill wie der Morgenappell und Frühsport, Leistungsmärsche, gewaltvolle Geländespiele und Mut- und Leistungsproben fester Bestandteil der HDJ-Aktivitäten.

Die HDJ war in der gesamten (neo-)nazistischen Szene hoch angesehen und bestens vernetzt. Mitglieder zeigten sich uniformiert bei neonazistischen Großaufmärschen wie dem von der *Jungen Landsmannschaft Ostpreußen* organisierten jährlichen ›Trauermarsch‹ in Dresden (vgl. FF1/2005, 10). Seit 2001 organisierte die HDJ gemeinsam mit der *Gemeinschaft Deutscher Frauen* (GDF) und der *Berliner Kulturgemeinschaft Preußen* (BKP) den sogenannten Märkischen Kulturtag. Bis zu 250 Personen nahmen an der konspirativ organisierten Veranstaltung teil. Die Referent*innen bildeten das gesamte Spektrum der organisierten völkischen Rechten ab. Hier sprachen Frontakteure der geschichtsrevisionistischen Szene wie Udo Walendy, »[...] der ehemalige Angehörige der Waffen-SS und ideologische Vordenker der WJ Herbert Schweiger und der Vorsitzende der Artgemeinschaft und ehemaliges BHJ-Mitglied Jürgen Rieger [...]« (AIB, 74 1/2007) ebenso wie (in aller Regel männliche) Kameradschaftsführer und NPD-Politiker. Des Weiteren bestand eine enge Verbindung der HDJ zur *Deutschen Kulturgemeinschaft* (DKG), deren jährlich veranstaltete sogenannte Gästewoche auch von Mitgliedern der HDJ frequentiert wurde. Der damalige HDJ-Bundesführer Alexander Scholz stellte zur Bedeutung der DKG-Gästewoche heraus: »Schon viele Jahre lang fahren junge Menschen der volkstreuen Jugend zur Gästewoche. Das dort erlernte Wissen bildet die weltanschauliche Grundlage der HDJ.« (FF 1/2002, 8) Zentrales Element sowohl des Märkischen Kulturtages als auch der DKG-Gästewoche war die generationsübergreifende politische Ausbildung nationalistisch und nazistisch orientierter Menschen. Hier wurden Kinder und Heranwachsende mit Angehörigen der sogenannten Erlebnisgeneration zusammengebracht, um die Werte des historischen Nationalsozialismus aus erster Hand zu lernen. Der frühere langjährige Leiter der *Artgemeinschaft*, Jürgen Rieger, war wiederholt Referent des Märkischen Kulturtags. Darüber hinaus gab es viele Überschneidungen zwischen Führungspersonal der HDJ und der *Artgemeinschaft*. Die *Artgemeinschaft – Germanische Glaubens-Gemeinschaft wesensgemäßer Lebensgestaltung e.V.*, gegründet 1951, ist ein neofaschistischer völkischer Zusammenschluss, der seine Gemeinschaft in einem eigenen ›Sittengesetz‹ und einem ›Artbekenntnis‹ begründet. In diesen Regelwerken werden biologistisch-rassistische Ansätze mit einem metaphysischen Überbau verknüpft, der den Glauben an ein deutsches Volk als religiöse Notwendigkeit verklärt. »Kernpunkt ihres Wirkens ist die Überwindung christlich-humanistischer Moralvorstellung hin zu einem der Natur und der Tierwelt entlehnten Recht des Stärkeren.« (Bauerschmidt, Brandt, Jentsch & Ohrowski 1996, 370) Die vertretenen politischen Vorstellungen und Rollenkonzeptionen werden zu naturgesetzmäßigen Notwendigkeiten stilisiert, die weder Diskussion noch Widerspruch erlauben. Diesen Umstand teilt die *Artgemeinschaft* mit der HDJ. Die Mitglieder der *Artgemeinschaft* beschränken sich indes nicht auf rechtsintellektuelle Programmatik, es gibt diverse Verbindungen in jegliche Sphären der neonazistischen Szene, auch zu rechtsterroristischen Netzwerken wie dem NSU. Zwei der Angeklagten im NSU-Prozess, Ralf Wohlleben und André Eminger, nahmen wiederholt an Veranstaltungen der *Artgemeinschaft* teil. Ralf Wohlleben, der als einer der wichtigsten Unterstützer des NSU-Kerntrios gilt, wohnte zeitweise bei dem heutigen Leiter der *Artgemeinschaft* Jens Bauer. Auch der Mörder von Walther Lübcke, Stephan Ernst, war über Jahre Mitglied der *Artgemeinschaft*. Nachwuchsarbeit ist ein zentrales Thema der *Artgemeinschaft*, die HDJ war folglich eine attraktive Struktur, um weitere Sippen für die *Artgemeinschaft* und Einfluss auf Kinder und Jugendliche zu gewinnen.

Ein Ausstieg aus diesem Kreis ist nahezu unmöglich. Mit einem Ausstieg geht der Verlust sämtlicher familialer und sozialer Kontakte einher. Entsprechend gering ist auch die Zahl bekannter HDJ-Aussteiger*innen. Prominent zu nennen sind hier Tanja Privenau und Heidi Benneckenstein. Der Ausstieg Tanja Privenaus im Jahr 2005 hatte für die HDJ weitreichende Folgen. Privenau war über 20 Jahre in der neonazistischen Szene aktiv, sie war Mitglied der WJ und der *Artgemeinschaft* (vgl. Röpke 2007a, 47). Zwei ihrer Kinder besuchten die Lager der HDJ seit ihrem siebten Lebensjahr. Nach ihrem Ausstieg arbeitete Privenau mit der Aussteiger-Organisation EXIT-Deutschland zusammen, machte Aussagen bei den Sicherheitsbehörden und gab Journalist*innen Interviews zu den Aktivitäten der HDJ. Sie sagte als

Zeugin im HDJ-Verbotsverfahren aus. Ihre Aussagen belegten die Informationen, die von antifaschistischen Recherchegruppen und Journalist*innen zusammengetragen worden waren, und beeinflussten auch den Ausgang des Verbotsverfahrens gegen die HDJ. Sie beschrieb den Lageralltag als militärisch strukturiert, berichtete von Prügeleien unter den Kindern und ausgrenzendem und gewaltvollen Verhalten gegen ihren ältesten Sohn, der aufgrund einer geistigen Behinderung bei der HDJ nicht akzeptiert worden war (vgl. ebd., S. 49). »Sie erfuhr erst später, dass der Junge von anderen Kindern gefesselt und in einen Schuppen gesperrt worden war. Die ›Bewacher‹ hätten weggeschaut, erzählte die Tochter. Niemand half dem Kind.« (ebd.) Die HDJ griff Privenaus Aussagen in verschiedenen *Funkenflug*-Ausgaben auf, sowohl in Texten als auch in Fotocollagen. Wiederholt wurde sie direkt adressiert: »Tanja P, geborene W, geschiedene B., in Scheidung lebende R und verlogene Q!« (FF 2/2007, 17) Privenau war aufgrund ihres Ausstiegs in der gesamten neonazistischen Szene verhasst und musste mit ihren Kindern mehrfach aus Schutzgründen eine neue Identität annehmen.

Staatliche Institutionen wie Verfassungsschutz, Polizei und Innenministerien zeigten über Jahre kein Interesse an der HDJ, stuften diese nicht als Verdachtsfall ein und ignorierten Hinweise aus der Zivilgesellschaft. Im Mai 2007 beobachteten nur drei der 16 Landesverfassungsschutzämter die HDJ, wie Röpke in einem Artikel darlegte (vgl. Röpke 2007b). Das Magazin *Antifaschistisches Infoblatt* (AIB) machte schon im Jahr 2002 auf die Aktivitäten der HDJ aufmerksam. In dem Artikel wurde die Analogie der HDJ zur WJ klar benannt: »Die HDJ kann als nahe Verwandte der verbotenen Wiking-Jugend (WJ) bezeichnet werden, denn nirgendwo anders wird im deutschen Neonazismus die Einbeziehung von Eltern und Kindern in völkische Aktivitäten so offen betrieben.« (AIB 58, 4/2002) Über die nächsten Jahre waren es ausschließlich antifaschistische Recherchen und Berichte investigativer Journalist*innen, welche Druck auf die HDJ ausübten. Insbesondere die Arbeit der Journalistin und Politologin Andrea Röpke ist hier hervorzuheben. Nachdem Röpke im Jahr 2006 Fotos und Videos eines konspirativ organisierten Pfingstlagers in Fromhausen (Detmold) veröffentlicht hatte, wurde eine breitere Öffentlichkeit auf die HDJ aufmerksam, erste Verbotsforderungen wurden laut. Bis heute sind die Bilder aus Fromhausen das Erste, was in der Bildersuche der gängigen Internet-Suchmaschinen zu dem Begriff HDJ angezeigt wird. Zu sehen ist das hölzerne Lagertor mit der Aufschrift ›Der Heimat und dem Volke treu‹, Kinder und Erwachsene in uniformer

Kleidung, Kinder vor Zelten mit der Aufschrift ›Führerbunker‹. Sie dokumentieren Fragmente eines Lageralltags, den die HDJ zur Vermeidung staatlicher Repression verbergen wollte.

Der öffentliche Druck wuchs, Mitte 2007 bestätigte das Bundesinnenministerium dann die Vorbereitung eines Verbotsverfahrens (vgl. Adam 2007). Im September 2007 erließ das Bundesinnenministerium ein Uniformverbot für die HDJ (vgl. BT-Dr. 18/8601, 1). Im Dezember 2007 veröffentlichte Röpke eine ausführliche Broschüre über »die neonazistische Kindererziehung der [...] HDJ« mit dem Titel »Ferien im Führerbunker«. In der Broschüre lieferte Röpke unter Einbezug diverser *Funkenflug*-Ausgaben eine detaillierte Bestandsaufnahme der HDJ bis zu diesem Zeitpunkt und belegte strukturelle und personelle Überschneidungen zur WJ. Die HDJ gab sich gelassen:

> »Während der mächtigste Rollstuhlfahrer der Republik von einem Verbot der HDJ träumt, versuchen seine bezahlten Helfer von der Antifa-Presse fieberhaft Beweise zurechtzubasteln. Uns geht das Ganze normalerweise mehr oder weniger am Allerwertesten vorbei.« (FF 2/2007, 17)

Entsprechend wurde das Uniformverbot auf vielen Veranstaltungen der HDJ ignoriert, Bundesführer Sebastian Räbiger schrieb dazu im *Funkenflug* 4/2007: »Wir entscheiden immer noch selbst, welche Kleidungsstücke wir tragen. Da ändert auch ein Stück Papier mit amtlichem Briefkopf nichts, um den sich die Schmeißfliegen der Presse tummeln!« (ebd., 3) Der Verstoß gegen das Uniformierungsverbot gemäß § 3 i.V.m. § 28 Versammlungsgesetz wurde auch in der Verbotsverfügung des Bundesinnenministeriums als Beleg für den Charakter der die Vereinigung prägenden Strafgesetzwidrigkeit angeführt (vgl. BMI ÖS III 4 – 619 312/46, 25). Im Jahr 2008 nahmen die staatlichen Maßnahmen gegen die HDJ an Fahrt auf. Im August 2008 wurde ein Lager der HDJ im Kreis Güstrow aufgelöst und von der Polizei durchsucht. An dem Lager nahmen 42 Kinder im Alter von acht bis 14 Jahren und 50 Erwachsene teil, die Kinder waren uniformiert, und es wurden u.a. Gegenstände mit Hakenkreuzen gefunden. Das Lager wurde als jugendgefährdender Ort eingestuft, die Kinder nach Rücksprache mit dem Jugendamt an die Eltern übergeben; da es der letzte Lagertag war, reisten diese ohnehin an (vgl. Naujoks, 2008). Im *Funkenflug* wird die Durchsuchung polemisch aufgegriffen: »Die Haushaltsführung bei der rechtsextremsten Jugendbewegung aller Zeiten ist wirklich einzigartig und wurde im Sommer durch

Stofftier folternde und per Hubschrauber angreifende Polizeibeamte der Öffentlichkeit präsentiert.« (FF 4/2008, 3) Bei einer Razzia im Oktober 2008 im Zuge des Verbotsverfahrens wurden dann über 100 Objekte in 14 Bundesländern durchsucht. Dabei wurden rassistische und antisemitische Schulungsmaterialien der HDJ sowie interne Unterlagen der WJ sichergestellt, welche den Vorwurf der WJ-Nachfolge manifestierten (vgl. Der Tagesspiegel, 16.10.2008). Im *Funkenflug* gab sich die HDJ weiter ironisch und gelassen und verkündete in der letzten Ausgabe 1/2009 sogar noch die Neugründung einer eigenen ›Einheit Pfalz‹. »Die mit Rechtschreibfehlern und neuen Wortkreationen übersäten Durchsuchungsprotokolle bekommen Ehrenplätze an unseren Wänden.« (FF 1/2009, 3) Das Verbot erfolgte dann am 09.03.2009, bestätigt durch das Bundesverwaltungsgericht am 01.09.2010 (vgl. BVerwG, Urteil vom 01.09.2010 - 6 A 4.09).

5. Empirischer Teil

Kinder und Jugendliche haben, wie in Kapitel 2 ausgeführt, ein Recht auf die freie Entwicklung zu einer eigenständigen und gemeinschaftsfähigen Persönlichkeit. Das elterliche Erziehungsrecht und das staatliche Wächteramt sind nach dem Subsidiaritätsprinzip zur Gewährleistung nicht-kindeswohlgefährdender Sozialisationsbedingungen auszuüben. Nimmt man die in Kapitel 4 genannten strukturellen und ideologischen Eigenschaften der HDJ zusammen, stellt sich die HDJ als Lebensbundorganisation mit straffer hierarchischer Struktur und totalem Anspruch dar. Die völkisch-neonazistische Gesinnung ist lebensumspannend von der Wiege bis zur Bahre, jegliches Handeln und Sein, von Freundschaften über Berufswahl bis hin zur (obligatorischen) Familiengründung, ist den völkisch-neonazistischen Ideologemen untergeordnet. Das sich aus dieser Vorstellung heraus ergebende soziale Netz ist elitär und exklusiv, der Zugriff der Gemeinschaft weist Parallelen zu fundamentalistischen religiösen Gemeinschaften auf. Daher erscheint die Überprüfung des Vorliegens der in Kapitel 3 erarbeiteten Kindeswohlbeeinträchtigungen bei religiösen und weltanschaulichen Gemeinschaften bei der HDJ auch über die juristische Empfehlung von Lang (2010) hinaus fachlich geboten. Vor dem Hintergrund der bisherigen theoretischen und strukturellen Darlegungen werden folgend die in Kapitel 1.2. dargelegten Forschungsfragen mittels der inhaltlich strukturierten qualitativen Inhaltsanalyse nach Kuckartz (2018) bearbeitet. In Kapitel 5.1. wird zunächst das methodische Vorgehen und die Quellenauswahl erläutert, woran sich in Kapitel 5.2. die Beschreibung des Kategoriensystems anschließt. Alsdann werden in Kapitel 5.3. die einzelnen Kategorien inhaltlich beschrieben und die Ergebnisse dargestellt. Die Diskussion der Ergebnisse erfolgt in Kapitel 6.

5.1. Quellenauswahl und methodisches Vorgehen

Die vorliegenden Materialien wurden mittels der qualitativen Inhaltsanalyse nach Kuckartz (2018) bearbeitet. Im Gegensatz zu der klassischen Inhaltsanalyse können bei der qualitativen die gebildeten Kategorien eine primär systematisierende und strukturierende Funktion einnehmen, bei der eine Operationalisierung in ein numerisches Relativ nachrangig bis hin zu obsolet ist (vgl. Kuckartz 2018, 47). Überdies erlaubt die qualitative Inhaltsanalyse eine Parallelität von Erhebung und Auswertungsprozess, die Hypothesen dürfen explizit im Laufe des Arbeitsprozesses modifiziert werden (vgl. ebd.). Es können diverse Formen der qualitativen Inhaltsanalyse unterschieden werden, Kuckartz benennt als gängigste drei Basismethoden qualitativer Inhaltsanalyse die *inhaltlich strukturierende*, die *evaluative* und die *typenbildende qualitative Inhaltsanalyse* (vgl. ebd., 48). Mayring und Fenzel (2014) stellen heraus, dass es sich bei der qualitativen Inhaltsanalyse um einen Mixed-Methods-Ansatz handelt, der sowohl die Explikation einzelner Textstellen als auch die generalisierend-quantitative Verarbeitung der Daten erlaubt (vgl. ebd., 551). Bei aller Flexibilität der Forschungsmethode ist das Vorgehen dabei jedoch stets regelgeleitet und kontrolliert (vgl. Kuckartz 2018, 6). Den von Kuckartz vorgestellten Formen der qualitativen Inhaltsanalyse ist gemein, dass sie anhand von Kategorien Daten »komprimierend und resümierend« (vgl. ebd., 52) verarbeiten. Ursprünglich sind sie als Auswertungsverfahren für verbale Daten konzipiert, dennoch ist eine Übertragung auf andere »Produkte menschlicher Kultur und Kommunikation« (ebd., 52) möglich. In der vorliegenden Arbeit wird die Methode der inhaltlich strukturierenden Inhaltsanalyse auf die schriftlichen Selbstdarstellungen der HDJ angewandt.

Grundlage der folgenden Analyse sind ausschließlich schriftliche Selbstdarstellungen der HDJ auf der Website *www.heimattreue-jugend.de*, im HDJ-eigenen Jahreskalender *Unser Leben* und in der HDJ-eigenen vierteljährigen Zeitschrift *Funkenflug*. Die Inhalte der Website wurden über das Internetarchiv web.archive.de rekonstruiert. Der Großteil der vorliegenden Ausgaben von *Funkenflug* und *Unser Leben* wurden durch den Verein *Argumente und Kultur gegen Rechts e.V.* zur Verfügung gestellt, welcher die vorliegende Arbeit fachkompetent und solidarisch unterstützt hat. Des Weiteren wurde auch Material durch das *Duisburger Institut für Sprach- und Sozialforschung e.V.* bereitgestellt. Es liegen drei Ausgaben des Kalenders und 25 Ausgaben des Funkenflugs sowie neun Texte von der Website aus dem Zeitraum 2000 bis 2009 der Analyse als Grundgesamtheit (vgl. Kuckartz 2018, 30) zugrunde. In der HDJ-eigenen Zeitschrift *Funkenflug* publizierten Bundesführung und Funktionär*innen der HDJ zu ausgesuchten programmatischen Themen, eine genauere Beschreibung der behandelten Inhalte findet sich in Kapitel 4.2. Die Zeitschrift erschien in der Regel alle drei Monate mit einer Auflage von rund 600 Stück (vgl. BVerwG, Urteil vom 01.09.2010 - 6 A 4.09, 2). Dabei handelt es sich nicht, entgegen der Darstellung der HDJ, um ein offenes Medium, in dem die Artikel frei nach Zusendung veröffentlicht werden, sondern um ein vollständig an den politischen Zielen der HDJ ausgerichtetes Kommunikationsorgan für die minderjährigen und erwachsenen Mitglieder und Förder*innen der HDJ. So bezieht sich das Bundesverwaltungsgericht in seinem bereits zitierten Urteil zur Klageabweisung gegen das Vereinsverbot auf einen »Führerrundbrief 2/04«, der von der Bundesführung an Mitglieder in Leitungsfunktion gerichtet wurde.

> »Danach wird ›je nach Ausgewogenheit‹ zentral entschieden, in welcher Ausgabe ein Beitrag erscheinen oder ob er anderweitig genutzt werden soll. Entsprechend hat der Vorsitzende des Klägers in der mündlichen Verhandlung bekundet, er stehe hinter jedem Satz, der im ›Funkenflug‹ veröffentlicht worden sei.« (ebd., 9, Absatz 16)

Das BVerwG legt weiterhin fest, dass auch Artikel, die ursprünglich in anderen (neonazistischen) Publikationen veröffentlicht und dann erneut im *Funkenflug* abgedruckt wurden, programmatisch ausgewählt und ihr Inhalt sich durch die HDJ-Führung zu eigen gemacht wurde.

> »Entscheidend ist, dass der Text seinem Sinn nach eine Verherrlichung der ehemaligen Hitlerjugend darstellt und dass ihn sich der Vorsitzende des Klägers durch Veröffentlichung in der Vereinszeitschrift mit Wirkung für den Kläger zu eigen gemacht hat.« (ebd., 13, Absatz 28)

Des Weiteren stellt Regina Weber (2014) heraus: »Die Erziehung der Jugend spielt in der HDJ nicht nur bei Veranstaltungen eine wesentliche Rolle. Die Texte im *Funkenflug* nehmen eine ähnliche Funktion wahr« (ebd., 227). Daher werden die Artikel des *Funkenflug* ebenso wie die Darstellungen im Kalender *Unser Leben* und die Texte auf der Website als gleichwertige Selbstdarstellungen mit erzieherischer Funktion gewertet und der folgenden Analyse zugrunde gelegt. Als Selbstdarstellungen werden hier in Anlehnung an Mummendey (1999) Texte verstanden, in denen Individuen, soziale Gruppen oder Institutionen – in diesem konkreten Fall entsprechend die HDJ – in spezifischen »Person-Publikum-Interaktionssituationen« (Mummendey 1999, 1) gezielt und bewusst bestimmte Eindrücke der eigenen Gruppierung zu vermitteln suchen, um so einen Transfer der eigenen Einstellungen auf das antizipierte Publikum zu erreichen. In der sozialpsychologischen Forschung werden Selbstdarstellungen als »[...] funktional für die Erlangung, Aufrechterhaltung oder Vermehrung sozialer Macht« (ebd., 4) angenommen.

Das von Kuckartz entwickelte Ablaufmodell der inhaltlich strukturierten qualitativen Inhaltsanalyse wurde an die spezifische Form der Daten angepasst und modifiziert. Die einzelnen Schritte des Analyseprozesses werden im Folgenden durch Ziffern markiert, um eine Nachvollziehbarkeit zu gewährleisten. Die initiierende Textarbeit wird, anders als bei Kuckartz, nicht in einem eigenen Schritt benannt. Es wird die Auffassung vertreten, dass aus der umfangreichen Darlegung des theoretischen und empirischen Sachstandes sowie der vereinsstrukturellen und historischen Details zur HDJ bereits die initiierende Textarbeit deutlich wird. Die Kategorien wurden in einer Mischform aus deduktiver und induktiver Kategorienbildung erstellt. »Es wird mit A-priori-Kategorien begonnen und im zweiten Schritt folgt die Bildung von Kategorien bzw. Subkategorien am Material, weshalb man auch von deduktiv-induktiver Kategorienbildung sprechen kann.« (Kuckartz 2018, 95) In einem ersten Schritt (1) wurden auf Grundlage der in Kapitel 4 dargelegten Informationen zu der HDJ sowie aus den in Kapitel 3 erarbeiteten Kriterien für Kindeswohlgefährdung bei religiösen und weltanschaulichen Gemeinschaften erste Kategorien gebildet, welche dann bei dem ersten Materialdurchgang an der Grundgesamtheit zur Anwendung kamen (vgl. ebd., 101). Bei dem ersten Materialdurchgang wurden auf Grundlage der gewählten Kategorien die Texte für die Analyseeinheit ausgewählt und die bisherigen Kategorien teilweise modifiziert und um weitere induktiv am Material gebildete Kategorien ergänzt (2). Kuckartz folgend werden in der vorliegenden Arbeit »Sinneinheiten als Codiereinheiten« (ebd., 43) gewählt. Auswahleinheit und Analyseeinheit sind in diesem Fall identisch (vgl. Kuckartz 2018, 30). Die Codiereinheiten wurden entsprechend innerhalb der Auswahleinheit abhängig von der Relevanz für die zugeordnete Kategorie ausgewählt. »Nicht sinntragende Textstellen oder Textpassagen, die für die Forschungsfrage nicht relevant sind, bleiben uncodiert.« (ebd., 102) So kann eine Codiereinheit aus einem einzelnen Satz, einem größeren Textabschnitt oder auch in Einzelfällen einem vollständigen Text bestehen. In einer Textstelle können mehrere Kategorien abgebildet sein. »Wichtigstes Kriterium ist, dass die Textstelle ohne den sie umgebenden Text für sich allein ausreichend verständlich ist.« (ebd., 104) Die inhaltlich strukturierte qualitative Inhaltsanalyse erlaubt die Zuordnung einer Textstelle zu mehreren Kategorien (vgl. ebd., 102). Das so gebildete Kategoriensystem wurde dann in einem zweiten Materialdurchgang auf das gesamte Material erneut angewendet, sodass die Auswahleinheit insgesamt aus 288 Texten besteht (3).

Die ausgewählten Textpassagen wurden zur Erhöhung der Nachvollziehbarkeit des Codierprozesses in einer Gesamttabelle aufgenommen, aus welcher auch die jeweilige Codierung entnommen werden kann. Dabei wurden die bisherigen Kategorien auf ihre Eindeutigkeit geprüft und eine weitere Kategorie induktiv erschlossen (4). Im Anschluss wurden alle Textstellen einer Kategorie in eigenen Tabellen zusammengetragen, und das gesamte Material wurde erneut in einem dritten Durchgang anhand der ausdifferenzierten Kategorien geprüft (5). Da es sich bei den Daten in der vorliegenden Arbeit nicht um die für die qualitative Inhaltsanalyse typischen verbalen Interviews oder Feldbeobachtungen handelt, sondern um schriftliche Selbstdarstellungen einer Organisation, wird auf den Schritt der fallbezogenen thematischen Zusammenfassungen (vgl. ebd., 111f.) verzichtet. Im Vordergrund der Analyse stehen nicht interpersonelle Vergleiche zwischen den HDJ-Autor*innen oder vertiefende intrapersonale Einstellungsprofile der einzelnen Autor*innen, sondern die an die (potenziellen) Mitglieder vermittelten Erziehungsideale und -methoden und ihr Gehalt hinsichtlich möglicher kindeswohlgefährdender Elemente. Daher wurde im nächsten Schritt des Analyseprozesses (6) eine kategorienbasierte Auswertung der Hauptkategorien und der zugehörigen Subkategorien vorgenommen, und die Ergebnisse wurden zusammengefasst (vgl. ebd., 118).

5.2. Kategoriensystem

Durch die in Kapitel 4 beschriebenen theoretischen und strukturellen Betrachtungen zu der HDJ wurden folgende Forschungsfragen erarbeitet: Welche Erziehungsinhalte und -methoden werden aus den Selbstdarstellungen der HDJ ersichtlich? Finden sich Hinweise auf kindeswohlgefährdende Erziehungselemente? Daran anschließend ergeben sich die Fragen: Falls ja, lassen sich diese kindeswohlgefährdenden Erziehungselemente systematisch nachweisen oder handelt es sich um Einzelbefunde? Was sind deren Spezifika? Die Offenheit der Hauptfrage ist Ausdruck der Bemühung, sich dem Datenmaterial mit einer größtmöglichen Neutralität zu nähern.

Wie bereits in der Einleitung geschildert, liegt bisher zu der HDJ keine erziehungswissenschaftliche Forschung vor. Die bisherigen Publikationen zu dem Thema wurden aus politikwissenschaftlicher (vgl. Weber 2014), politologisch-journalistischer (vgl. Röpke 2007a) und juristischer (vgl. Lang 2009 & 2010) Perspektive erstellt. Erziehungswissenschaftliche Publikationen wie die von Lehnert und Radvan (2016) greifen zwar die Ergebnisse der genannten Publikationen auf und weisen auf mögliche kindeswohlgefährdende Sozialisationsbedingungen hin, dennoch sind diese Hinweise abstrakt und nicht auf spezifische Gruppierungen konzentriert. Die HDJ bietet hier einen einzigartigen erziehungswissenschaftlichen Forschungsgegenstand. Nicht nur begriff sich die HDJ als eine Vereinigung für völkische Jugenderziehung, sondern sie war mit ihrer Lebensbundkonzeption eine Organisation für die gesamte völkisch-neonazistisch orientierte Familie. Wie in der Einleitung bereits dargelegt, ist überdies von einer Fortsetzung und Tradierung der Erziehungshandlungen und -ideale der HDJ auszugehen. Die schriftlichen Selbstdarstellungen der HDJ stellen damit eine wichtige und bisher vernachlässigte Primärquelle für die erziehungswissenschaftliche Forschung dar. Um sich der Frage nach den Charakteristika der HDJ-Erziehung möglichst vollumfänglich zu nähern, sollen daher auch die vermittelten Ideale und Methoden erhoben werden.

Die sich ergebenden ersten Hauptkategorien waren *Volkskonzeption*, *Wehrhaftmachung*, *Geschlechterrollen*, *Geschichtsrevisionismus*, *HDJ-Erziehung*, *HDJ-Ideale und Tugenden* und *Feindbilder*. Diese Kategorien wurden im ersten Materialdurchgang angewendet und anschließend um die Kategorien *Leben als Kampf* und *Bedrohungsszenarien* ergänzt. Die Kategorie *Feindbilder* wurde durch die Subkategorien *Feindbild Umerziehung*, *Feindbild bürgerliche Presse*, *Feindbild Emanzipation*, *Feindbild moderne Gesellschaft*, *Feindbild moderne Jugend* und *Feindbilder divers* ausdifferenziert, sodass die genannten Subkategorien gemeinsam die Kategorie *Feindbilder* vollständig abbilden und eine eigene Codierung der Kategorie *Feindbilder* obsolet wurde. Bei dem anschließenden Materialdurchgang wurde die Kategorie *Abgrenzung in die neonazistische Szene* hinzugefügt, sodass sich das Kategoriensystem insgesamt aus 10 Hauptkategorien und sechs Subkategorien zusammensetzt. Sieben Hauptkategorien wurden deduktiv gebildet, drei Hauptkategorien und sechs Subkategorien wurden induktiv am Material gebildet. Eine Übersicht der Kategorien findet sich in Tabelle 1. Die gewählten Kürzel stellen keine Rangfolge oder Hierarchisierung der Kategorien dar, sondern sind willkürlich gewählte numerische Zuordnungen zur Erleichterung des Codierprozesses. Beispielhaft wird in Tabelle 2 die Kategorie Volkskonzeption dargestellt (siehe dazu Kuckartz 2018, 40 und 121).

Hauptkategorien	Subkategorien
Volkskonzeption	
Wehrhaftmachung	
Geschlechterrollen	
Geschichtsrevisionismus	
HDJ-Erziehung	
HDJ-Ideale und Tugenden	
Feindbilder	Feindbild Umerziehung, Feindbild bürgerliche Presse, Feindbild Emanzipation, Feindbild moderne Gesellschaft, Feindbild moderne Jugend, Feindbild divers
Leben als Kampf	
Bedrohungsszenarien	
Abgrenzung in die neonazistische Szene	

Name	Volkskonzeption
Kürzel	K 1
Inhaltliche Beschreibung	Inhaltliche und metaphysische Beschreibungen des Volkskonzeptes, inklusive der Überhöhung des Volkes vor dem Individuum
Abgrenzung	Nicht, wenn bei der Volksüberhöhung das Mantra der Kampfverpflichtung überwiegt, dann K 5
Beispiel	„Das wichtigste für eine Gemeinschaft ist ihr Fortbestehen. Daher ist alles, was diesem nutzt von Wert und alles, was ihm schadet von Unwert. Dieser einfache Maßstab sollte uns stets Richtlinie in unserem Leben sein." (FF 1/2004, 7)

5.3. Auswertung und Ergebnisdarstellung

Im folgenden Abschnitt werden zunächst die einzelnen Kategorien in Bezug zu den Forschungsfragen dargestellt. Dabei werden gemäß dem Gegenstand der Forschungsfragen – die Erziehung der HDJ sowie mögliche kindeswohlgefährdende Erziehungsbestandteile – die Kategorien im Kontext ihrer erzieherischen Relevanz ausgewertet. Im Anschluss werden die Ergebnisse diskutiert.

Volkskonzeption

In der Kategorie *Volkskonzeption* wurden Textstellen codiert, in denen das hinter dem Begriff *Volk* stehende inhaltliche Konzept der HDJ zum Ausdruck kommt. In der Darstellung der Kategorien wird die Zeitschrift *Funkenflug* mit FF abgekürzt, der Kalender *Unser Leben* mit UL.

Volk steht bei der HDJ für eine biologistisch-rassistische Schicksalsgemeinschaft, deren Zugehörigkeit sich über die Geburt ergibt. »Denn ein Volk ist ein biologischer Begriff. Ein Volk ist eine aus einer Vereinigung von Stämmen entstandene ethnische Gemeinschaft und ist nicht mit dem Begriff ›Bevölkerung‹ synonym.« (FF 4/2006 & 1/2007 kombinierte Ausgabe, 17) Somit ist die Gemeinschaft auch exklusiv, ihr kann nur angehören, wer dem Konstrukt der richtigen genetischen Herkunft entspricht. Die völkische Gemeinschaft wird als »natürlich, echt und dauerhaft« (UL 2000, 6) beschrieben. Die Betonung der biologischen Natürlichkeit erhebt die Volkszugehörigkeit zu einem unhinterfragbaren Naturgesetz. Die Zugehörigkeit wird nur durch die Geburt entschieden. »Auch ein deutscher Paß ändert an dieser Tatsache nichts, wie es auch keinen Deutschen türkischer (oder anderer nationaler) Abstammung gibt.« (FF 4/2006 &1/2007 kombinierte Ausgabe, 17) Als kleinste Einheit des Volkes wird die Familie angenommen. Sie ist von zentraler Bedeutung, um den Fortbestand der Volksgemeinschaft zu sichern. Jede*r Einzelne ist zur Fortpflanzung verpflichtet.

> »Aber anstatt den Mond anzuheulen, tun wir das, was wir tun können und müssen: Kinder in diese Welt zu setzen, sie mit Selbstbewußtsein auszurüsten und im harmonischen Zusammenhang mit unserem Volk zu erziehen. Dies ist nicht nur Recht, sondern vornehmste Pflicht volkstreuer Menschen.« (FF 2/2006, 3)

Im *Funkenflug* 2/2007 wird noch zudringlicher formuliert: »Sich der Weitergabe seines Erbgutes in einer gesunden Familie absichtlich zu verweigern ist biologische Fahnenflucht.« (ebd. 7) An diesem Zitat wird neben der soldatischen Verpflichtung (»Fahnenflucht«) zur sexuellen Reproduktion auch die Betonung der Gesundheit der Familie augenscheinlich. Aus Perspektive der HDJ sind chronische Erkrankungen oder Behinderungen der Gesundheit der Volksgemeinschaft abträglich. »Gesund an Körper und Geist ist das Mindestmaß; die persönliche Ausprägung ist von Mensch zu Mensch jedoch unterschiedlich.« (FF 1/2001, 3)

Damit verbunden ist unabdingbar auch das Dogma der Heterosexualität, divergierende sexuelle Orientierungen oder Lebensentwürfe sind nicht denkbar und werden gar nicht erst angesprochen. Sexuelle und reproduktive Selbstbestimmung ist für die Mitglieder der HDJ nicht vorgesehen. Jeder Bereich des Lebens ist dem Paradigma des Volkserhalts untergeordnet. Das Individuum ist nur in seiner Zweckdienlichkeit für die Gemeinschaft wertvoll.

> »Ein Volk ist ein lebendiges Ganzes, zusammengewachsen aus einer Wurzel und eins geworden in seiner Eigenart, in der der einzelne Volkszugehörige als Glied seines Volkes seinen Wert, seine Berechtigung und Zukunft erfährt. Selbst wenn das Individuum durch Tod oder anderes ausfällt, so lebt doch das Volk weiter, solange seine Wurzeln die Kraft der Erde saugen, d.h. der Einzelne hat in dieser positiven Freiheit einem ihm nach seinen Fähigkeiten zugeteilten Platz, den er mit seiner Leistung Leben gibt.« (FF 4/2006 & 1/2007, 17)

Um seine Pflicht am Volk zu dessen Fortbestand zu erfüllen, muss das Individuum stets zum Kampf bereit sein und auch bereit sein, Opfer zu erbringen, gegebenenfalls auch sein Leben zu opfern. Diese Überzeugung wird in diversen Textstellen deutlich, aber auch in Sprüchen, welche bei HDJ-Ritualen zur Anwendung kamen. So heißt ein Spruch für den allmorgendlichen Fahnenappell: »Wir mögen fallen, die Fahne steht. Wir mögen vergehen, namenlos – Deutschland muß stehen ewig und groß!« (UL 2004, 10) Im Kampf um Deutschland und den Fortbestand des Volkes wird sogar der eigene Name für nichtig erklärt. »Das Wichtigste für eine Gemeinschaft ist ihr Fortbestehen. Daher ist alles, was diesem nutzt, von Wert und alles, was ihm schadet, von Unwert. Dieser einfache Maßstab sollte uns stets Richtlinie in unserem Leben sein.« (FF 1/2004, 7)

Mit der Geburt ist nicht nur die Zugehörigkeit zu der Schicksalsgemeinschaft des Volkes entschieden, sondern auch die Persönlichkeit und Rolle des*der Einzelnen in der Volksgemeinschaft. »Mit unserer Geburt wurden uns bestimmte körperliche, geistige und charakterliche Anlagen gegeben, die wir in einem, wenn auch nur begrenzten Rahmen ausbilden sollten. [...] So ist jeder von uns in seinen gesamten Anlagen gegeben.« (FF 1/2001, 3) Das Individuum ist nach dieser Annahme schon durch seine Gene vollständig vorbestimmt, eine eigenständige, emanzipierte Entwicklung wiederum quasi naturgesetzlich ausgeschlossen. Die eigene Entwicklung hat sich nur innerhalb des vorbestimmten Rahmens und in Erfüllung der völkischen Pflicht zu vollziehen. »Jedes Kind bekommt von beiden Elternteilen seine Erbanlagen mitgegeben. Diese stellen das Vermächtnis der endlosen Ahnenkette dar, aus welchem jeder Mensch schöpfen und sein Schicksal gestalten kann.« (UL 2006, 19) Gemäß dem Satz »Dein Volk bist Du!« (FF 1/2001, 10) hat jede*r Einzelne seinen vorbestimmten Platz in der Gemeinschaft zu finden, sich dieses Platzes würdig zu erweisen und ihn dann klaglos einzunehmen. »Gemeinschaft verlangt Bewährung und ordnet erst nach ihr ein.« (FF 1/2001, 4) Auch Bildung und Kultur sind dem völkischen Fortbestand untergeordnet. Bildung wird bei der HDJ nicht als grundgesetzlich verankertes Persönlichkeitsrecht verstanden, sondern als vollständige Einordnung in den völkischen Lebenskreis. »Bildung heißt nicht, daß man das Wissen aller Lebenskreise ausgeschöpft hat, sondern, daß man einem ganz angehört!« (ebd.) Während die Berufsstände des Bauern und des Handwerkers (vgl. FF 1/2005, 4) als typisch deutsche und besonders ehrenhafte Traditionsberufe gelobt werden, wird gleichzeitig auch die genetische Überlegenheit einzelner Sippen betont, die aufgrund ihrer Erbanlagen »[...] einen Adel begründeten, der berechtigt war, Gefolgschaft zu verlangen« (FF 3/2004, 6). Freiheit bedeutet für die HDJ »[...] nach seiner Eigenart leben zu können und in der Gemeinschaft sein Schicksal zu finden [...]« (FF 2/2004, 6). Es geht um die Ein- und Unterordnung des Einzelnen in die Gemeinschaft und nicht um persönliche Entfaltung. »Der persönliche Einsatz für etwas Größeres als das eigene Ich steht bei uns im Vordergrund. Die Persönlichkeit ist Mittel, um für das Ganze wirken zu können. Opferbereitschaft, Tatwille und Ehrbewußtsein, sind die Pole, um die sich unser Leben dreht.« (FF 3/2003, S. 6) Auch Kultur wird bei der HDJ biologistisch-rassistisch konzipiert. »Kultur ist also die Gesamtheit aller aus der biologischen Eigenart eines Volkes in der Gemeinschaft wurzelnden schöpferischen Leistungen in Kunst, Wissenschaft, Sitte und Recht.« (FF 2/2005, 8) Die Mitglieder werden beständig an die verpflichtende Unterordnung des*der Einzelnen unter die Gemeinschaft erinnert. Da die Gemeinschaft als ›natürlich‹, ›biologisch‹ und ›erblich‹ angenommen wird, ist die HDJ-Mitgliedschaft als Ausdruck einer lebenslangen Verpflichtung dem Volk gegenüber zu verstehen. Sie kann nicht einfach aufgegeben werden, sie wird als schicksalhaft angenommen. Die Gemeinschaft wird metaphysisch aufgeladen, dabei wird ähnlich wie bei der völkisch-neuheidnischen *Artgemeinschaft* insbesondere die konstruierte Ahnenfolge, Sinnbild für die genetische Komponente des Volkskonstrukts, betont. »Das Erbgut unseres Volkes zieht sich durch Jahrtausende – ein Blutstrom, der in die Vergangenheit hineinreicht – unendlich lang.« (FF 2/2000, 2) Mit diesem Blutstrom sollen sich die Mitglieder allzeit verbunden fühlen, ein Loslösen oder Vergessen der völkischen Wurzeln wird als vernichtend dargestellt. »Die aus dem gebundenen Leben der Vorfahren mitgegebene Lebenskraft ist bald erschöpft, ausgelebt, verbraucht, wenn wir uns von unseren Wurzeln lösen.« (FF 1/2001, 3) Solche Formulierungen erinnern an die Heilsversprechen religiöser Gemeinschaften. Durch das Erkennen und die Unterordnung unter das völkische Erbe können Mitglieder ihren via Geburt angestammten Platz im Leben und in der Gemeinschaft finden, ohne diese Erkenntnis und diesen Glauben droht nicht nur dem Einzelnen, sondern dem ganzen Volk der Untergang. Logische Brüche und Lücken im völkisch-neonazistischen Weltbild wurden in der HDJ durch metaphysische Anrufungen einer »ganzheitlichen Weltanschauung« (FF 1/2002, 3) überdeckt. Die HDJ bedient explizit religiöse Termini, ihre metaphysischen Anrufungen werden als Gesetze und Glaubensbekenntnis bezeichnet. »Man kann Glaube folgendermaßen umschreiben: Er ist die dienende Erkenntnis einer ganzheitlichen Kraft, die über dem eigenen Ich steht. Er gibt somit Halt, Sicherheit und Geborgenheit in einem höheren Gefüge, er ist die Brücke vom Ich zum Wir.« (ebd.) Der Einzelne ist dem Volk bis zum Letzten, auch im Kampf, verpflichtet. Er ist verpflichtet, den Fortbestand des Volkes durch Zeugung möglichst vieler Kinder zu sichern und im Zweifel den eigenen Tod in Kauf zu nehmen. Diese Maxime fand Ausdruck im Glaubensbekenntnis der HDJ:

> »Folgende Grundsätze sollen unser Verständnis von Glauben klarstellen:
> 1. Ich kann ohne mein Volk nicht sein
> Mein Glaube ist mein Volk
> 2. Ohne Kampf kann ein Volk nicht bestehen
> Mein Glaube ist der Kampf
> 3. Das Leben ist der Kampf der Völker
> Mein Glaube ist das Leben
> 4. Leben ist ewig, solange Völker sind
> Mein Glaube ist die Ewigkeit.« (FF 1/2002, 3)

Hier wird also die Ebene der politischen Ausbildung zugunsten einer weitergehenden, transzendenten Indoktrination verlassen. Auch diese pseudoreligiösen Bekenntnisse weisen eine hohe Ähnlichkeit mit den Ideologemen der neonazistischen neuheidnischen *Artgemeinschaft* (siehe Kapitel 4.3) auf. Im *Funkenflug* finden sich diverse Anrufungen eines »Glaubens unserer Art« oder einer »Gemeinschaft unserer Art«, welche repräsentativ für den Sprachgebrauch der *Artgemeinschaft* sind, in dem nationalsozialistische Terminologie wie ›Rasse‹ und ›Arier‹ durch euphemistische Begriffe wie »unsere Art« ersetzt wird. Jahreszeitliche Feiern in der HDJ werden zu religiösen Erweckungsmomenten, so schreibt *Funkenflug*-Autor Eric zum Erntedankfest: »Dies ist der Ausdruck des ewigen Blutkreislaufes der Deutschen und eine Heimfindung zum Ich – der eigenen Art.« (FF 3/2003, 5) Soziales Miteinander und Kultur werden zu einer biologistisch-rassistisch, völkisch begründeten Notwendigkeit: »Der Sinn des ewig fortschreitenden Lebens des Volkes ist es, daß die Geistes- und Seelenwelt und die Biologie Erbe und Einfluß zugleich sind. Aus der Art, wie sich das Ererbte und das Erlebte vereinigen, entsteht die Kultur.« (FF 2/2005, 8) Auch die durch sportliche Ertüchtigung zu erzielende Wehrhaftigkeit der Kinder und Jugendlichen wird als Pflege des Volkes – ganz nach dem Vorbild des nationalsozialistischen Begriffs der »Volksgesundheit« – zu einer pseudoreligiösen Praxis: »Indem wir Körper und Geist in Einklang bringen, geben wir dem Leben unserer Art den eigentlichen Sinn und können mit dieser Einheit der Gemeinschaft von größtmöglichem Nutzen sein. Und somit werden wir Leben und damit die Gemeinschaft erhalten.« (FF 4/2007, 14) Zu diesem Glauben gibt es keinen rationalen Zugang. »Glaube muß, ja kann man nicht erlernen. Wer seine Wurzeln kennt, der glaubt; die übrigen träumen.« (FF 1/2002, 3) Kultur und Brauchtum nehmen eine rituelle Bedeutung ein, sie sollen die Mitglieder an Lebensgefühl und Naturverbundenheit der »eigenen Art« (Website Juli 2007) erinnern. Mit dem beständig wiederholten Ausdruck der »eigenen Art« bzw. »unserer Art« (z.B. UL 2009, 19) wird ebenso wie mit dem Volksbegriff in aller Regel das Wort Rasse vermieden. Dennoch finden sich auch Textstellen, wo offen von Rasse gesprochen wird (z.B. FF 2/2005, 8).

Zusammengefasst zeigt sich anhand der Kategorie *Volkskonzeption* eine biologistisch-rassistische Gemeinschaftskonzeption, die Mitgliedschaft als schicksalhaft annimmt und eine vollständige Unterordnung aller Lebensbereiche unter den Erhalt der Volksgemeinschaft fordert. Die Gemeinschaft wird ins Religiöse überhöht und eine Loslösung von der Gemeinschaft als schädlich prognostiziert.

Wehrhaftmachung

Die Kinder und Jugendlichen in der HDJ waren spezifischen Erziehungsstrategien ausgesetzt, die auf eine körperliche Abhärtung, eine kämpferische Bewährung und eine starke Wettbewerbsorientierung ausgerichtet waren. Häufig wurden diese Strategien mit einer spielerischen Fassade verknüpft. Sie waren fester und ritueller Bestandteil eines jeden HDJ-Lagers, die Teilnahme war, wie bei allen Lageraktivitäten, verpflichtend. In jedem Lagerbericht wird das Geländespiel beschrieben, bei dem alle jüngeren Lagerteilnehmenden mitmachen mussten. Teilweise wird das Geländespiel nur als obligatorischer Lagerbestandteil erwähnt, wie zum Beispiel in FF 1/2001 (12): »Am Sonntag Vormittag gab es noch ein tolles Geländespiel. Dieses war so ähnlich aufgebaut wie unser Pfingstlagergeländespiel.« In anderen Berichten wird ausführlich auf den Ablauf des Spiels eingegangen. Das Spiel wurde mit unterschiedlichen Erzählsträngen gestaltet, die Kinder wurden in verschiedene antagonistische Gruppen aufgeteilt und nahmen beispielsweise die Rollen von Rittern und Räubern (vgl. FF 3/2003, 6) oder Sträflingen und Polizisten (vgl. FF 2/2006, 18) ein. Die Gruppen mussten gegeneinander antreten und der gegnerischen Gruppe eine Fahne oder Ähnliches entwenden. Dabei kam es anscheinend weniger auf das Bezwingen der gegnerischen Gruppe(n) an als auf die kämpferische Auseinandersetzung davor. An diversen Stellen werden körperlich-kämpferische Handlungen beschrieben und geradezu lustvoll betont: »Doch der Kampfeswille der weißen Mannschaft ließ es zur großen Freude von Allen, doch noch zu einer anständigen Rauferei kommen.« (FF 1/2008, 18) Die körperliche Auseinandersetzung wird explizit als Höhepunkt des Geländespiels benannt. »Nicht unerwähnt bleiben sollte auch das mißglückte Geländespiel, wo es nur durch Zufall noch zur krönenden Rauferei kam.« (FF 1/2008, 19) Auch an anderer Stelle werden körperlich-gewaltsame Auseinandersetzungen als Spiele lustvoll betont und als »freudige Raufspiele« (FF 4/2008, 20) bezeichnet. Mitunter werden auch daraus resultierende Verletzungen berichtet, dabei wirken diese Erwähnungen verharmlosend. »Außer ein paar Schrammen, abgebrochenen Zahnspangen und verbogenen Brillen verlief der Kampf glimpflich.« (UL 2000, 25) Der Hinweis auf die zerbrochenen Zahnspangen deutet dabei einen Grad körperlicher Gewalt an, der auf Ferienlagern anderer Jugendorganisationen sonst untypisch ist. »Nach vielen blauen Flecken, einigen Blessuren und verschwitzten Gemütern ging es nach zwei Stunden zurück zum Lager, wo sich jeder auf den Bunten Abend vorbereitete.« (FF 2/2007,18) Körperlich-gewaltvolle Rangeleien sind der zentrale Bestandteil, der im *Funkenflug* explizit als glückbringend geframt wird. Alle Kinder und Jugendlichen haben das Geländespiel als positiv zu empfinden. »Gleich nach der Morgenfeier am folgenden Tag wurde dann das Geländespiel ausgetragen, welches aber bei jedem verschiedene Glücksgefühle auslöste.« (FF 3/2008, 19) Auch in einer Geschichte der von der HDJ geschaffenen Figur *Hagen Heimattreu*, welche in verschiedenen *Funkenflug*-Ausgaben und auf der Website bestimmte HDJ-Erziehungsinhalte aus der Perspektive eines 10-jährigen HDJ-Mitgliedes den jungen Leser*innen vermitteln sollte, wird der körperlich-gewaltsame Aspekt des Geländespiels ausführlich geschildert (vgl. FF 3/2003, 6). Das Erleiden von Verletzungen wird als Ausdruck der erwarteten Opferbereitschaft verstanden, zu der jedes Mitglied aus völkischer Perspektive verpflichtet ist. »In diesen Zeiten, in denen Charakterlumpen und Feiglinge Vorbild für unser Volk sein wollen oder sogar schon sind, bin ich bereit, mein Blut zu geben, für meine Ideale und Überzeugungen.« (FF 2/2008, 7) Während das Geländespiel als Gruppenwettkampf konzipiert war, wurden in jedem Lager auch Einzelwettbewerbe abgehalten. Dabei mussten sich die Kinder in Altersgruppen in bestimmten Disziplinen wie Kugelstoßen, Bogenschießen, Wettlauf und Speerwurf bewähren. Hier sollten sich die Kinder und Jugendlichen gegen die anderen Gleichaltrigen durchsetzen, die Gewinner*innen wurden dann in der Großgruppe geehrt. »Die jeweiligen Gewinner der einzelnen Jahrgänge wurden am Montag bei der Morgenfeier bekanntgegeben und ausgezeichnet.« (FF 2/2005, 18) Die älteren Mitglieder hatten überdies verschiedene Leistungsabzeichen zu erwerben, bspw. durch das Absolvieren von Leistungsmärschen mit 150 km Länge in drei Tagen (z.B. FF 3/2004, 16) oder des Totenkopf-Schwimmabzeichens. »Dazu muß man eine bestimmte Zeit lang (1 oder 2 Stunden) pausenlos schwimmen.« (FF 2/2004, 13) Für die jüngeren Mitglieder war die sogenannte Messerprobe obligatorisch, in der sie verschiedene sportliche Übungen und Wissensfragen bestehen und sich einer ›Mutprobe‹ unterziehen mussten. »Die jüngeren übten fleißig für die Messerprobe und einige schafften es schließlich, alle Anforderungen einschließlich der berüchtigten Mutprobe zu meistern.« (FF 3/2004, 15) Für alle Kinder und Jugendlichen waren Frühsport, Wettkampf und Geländespiel sowie Nacht- und Orientierungsmärsche verpflichtend. Die starke sportliche Leistung und kämpferische Aktivität diente einerseits dem Streben nach dem Ideal einer wehrhaften völkischen Jugend, andererseits wurde durch die beständige körperliche Ertüchtigung die straffe Tagesordnung durchgesetzt und an Wehrsporttraditionen nationalistischer Freikorps angeknüpft. In dieser Logik wird Sport und Wettkampf zur »Vorbedingung eines wehrhaften Sinnes und einer deutschen Selbstzucht« (Zitat des *Wehrwolf – Bund deutscher Männer und Frontkrieger* in FF 1/2008, 12). »Ohne dauernde Betätigung im Wehrsport erfüllt kein Kamerad seine Aufgabe« (ebd.).

Geschlechterrollen

In der HDJ waren starre Geschlechterrollenkonzeptionen prävalent. Wie jeder Bereich des persönlichen und auch des Vereinslebens waren auch die Gender-Konzepte dem Paradigma des Fortbestehens der völkischen Gemeinschaft untergeordnet. »Mann und Frau sind zwei Pole eines Ganzen, sie ergänzen sich zur Einheit, aus dieser erwächst der Wille zur Familie.« (FF 1/2002, 9) Auch hier überwiegt die Betonung der Naturgesetzlichkeit und metaphysischen Determination der Rollenkonzepte. Wie bereits bei der Kategorie *Volkskonzeption* dargelegt, hatte nach der ideologischen Überzeugung der HDJ jede*r einen angestammten und vorbestimmten Platz in der Volksgemeinschaft. Mädchen und Frauen werden als zukünftige Mütter adressiert, deren sexuelle Reproduktionskraft wichtigster Bestandteil im ewigen Kampf um den Volkserhalt ist. »Daher kommt der Frau und Mutter eine entscheidende Rolle im Kampf gegen die Zersetzung und Zerstörung zu.« (FF 1/2002, 9) Die Mutterschaft ist keine Wahloption, sie ist völkische Verpflichtung und Ehre zugleich. »Eine Familie ist keine Bürde, sie ist eine Ehre, eine Aufgabe fürs ganze Leben, der wir mit Mut und Entschlossenheit entgegensehen sollten.« (FF 2/2004, 10) Frauen dürfen Berufe ergreifen, aber nur, wenn sie der weiblichen Pflicht zur Reproduktion nicht hinderlich sind. Sie werden insbesondere dazu angehalten, Berufe zu ergreifen, die der »deutsche[n] Frauenart« (FF 4/2004, 11) entsprechen. »Im musischen, erziehungstechnischen, sprachlichen, gestalterischen und familiären Kreisen finden wir Bereiche, die uns meistens mehr liegen.« (FF 2/2004, 10)

Mädchen und Frauen werden zu Pflichtbewusstsein, Bescheidenheit und Keuschheit angehalten. Von Mädchen wird in der HDJ erwartet, dass sie sich von anderen Mädchen außerhalb der HDJ in Kleidung und Habitus abgrenzen.

> »Sicher ist der Unterschied zwischen unseren Mädchen in der HDJ und den Mädchen in deiner Klasse sehr stark und ich kann verstehen, daß Du Dich manchmal allein fühlst und glaubst, daß es besser wäre, sich denen anzupassen, mit denen Du im Alltag oft zu tun hast.« (FF 1/2006, 6)

Sie werden dazu angehalten, sich nicht modischen Trends hinzugeben, Körperschmuck wird ebenso abgelehnt wie Tattoos oder Make-up. »Lasst also morgen eure Farbpalette im Schrank und bleibt natürlich, denn alles andere seid eigentlich nicht ihr selbst und ist Betrug.« (FF 3/2005, 13) Die Verhaltensermahnungen sind stets verknüpft mit dem Appell an die antizipierte völkische Natur eines jeden weiblichen HDJ-Mitglieds. Es wird beständig suggeriert, es gäbe eine richtige und natürliche Art zu leben, zu fühlen, sich zu kleiden. Jede Abweichung von den völkischen Idealen wird als Resultat der konstant beschworenen äußeren Verschwörung gegen das deutsche Volk gedeutet und muss bekämpft werden. »Du hast für Dich begriffen, daß das nicht richtig ist und daß Du alles, was Dir zur Verfügung steht, aufbringen mußt, um Dich dem entgegenzustellen.« (FF 1/2006, 6)

Sexualität ist bei der HDJ tabuisiert, sie wird nur in einer Schreckensvision eines Abends eines nicht-völkischen Mädchens angedeutet (FF 3/2003, 4). Die in dem Text beschriebene 13-Jährige geht stark geschminkt (»Eimer MakeUp«, ebd.), mit einem kurzen Rock (»der Mini von vor 5 Jahren«, ebd.) und einem Bauchnabelpiercing in eine Disko.

> »Weil Du aber immer noch nicht genug nach Bordsteinschwalbe aussiehst, ziehst Du Deinen kurzen Rock noch ein gutes Stück höher – nur nicht so hoch, daß er Dein Bauchnabelpiercing verdecken könnte, für den sich übrigens genau wie für Dein Zungenpiercing kein Junge wirklich interessiert.« (ebd.)

Die 13-Jährige wird mit einer Sexarbeiterin verglichen, gleichzeitig wird ihr jede Attraktivität für deutsche junge Männer abgesprochen. Ihr gesamter Wert wird entlang des mangelnden männlichen Interesses modelliert. »Du kannst nicht verstehen, daß Dich kein Junge mit Intelligenz über Zimmertemperatur kennenlernen will, obwohl Du Dich so passend angezogen hast und jeder, der an Dir vorbeigeht, unter Deinen Rock sehen kann.« (ebd.) Damit wird auch suggeriert, dass sich intelligente deutsche Jungen für das Mädchen interessieren würden, würde sie sich entsprechend der völkisch korrekten Art kleiden und benehmen. Der Text endet mit dem rassistischen Stereotyp des aufdringlichen »Mehmet«, der die 13-Jährige alkoholisiert und sexuell ausnutzt (vgl. ebd.). Doch selbst hier bleibt es nur bei der Andeutung von sexuellen Handlungen, für Sexualität oder körperliche Sinnlichkeit gibt es bei der HDJ keine Worte. Die weiblichen Mitglieder werden dazu angehalten, sich einen passenden völkischen Partner zu suchen und bei diesem zu bleiben. Wechselnde Partnerschaften sind verpönt. »Hat man jemanden gefunden, bei dem das verwirklicht werden kann, dann treten alle verflossenen, gescheiterten Beziehungen in den Hintergrund. Und wie viel leichter ist das, wenn es davon noch nicht so viele gab.« (FF 4/2007, 15) Auch über den idealen Zeitpunkt für die Familiengründung wird im *Funkenflug* geschrieben:

> »Die beste Zeit, um mit der Familiengründung zu beginnen, ist zweifelsfrei das Alter zwischen 20 und 30 Jahren. Die Bereitschaft, sich auf Andere einzulassen, Erfahrungen zu sammeln, neugierig und risikofreudig zu sein, ist in diesem Zeitraum am größten. Die Empfängnisfähigkeit der Frau ist demnach zwischen 18 und 25 Jahren am höchsten, ab 25 Jahren geht sie zurück und ab 35 Jahren nimmt sie deutlich ab. Etwas anders sieht es da beim Mann aus, aber auch bei ihm nimmt die Zeugungsfähigkeit ab dem 40. Lebensjahr ab.« (FF 2/2007, 15)

Nach der Vorstellung der HDJ kann es keine Gleichstellung der Geschlechter geben, sondern nur ein Erfüllen des völkischen Schicksals. »Gleiche Rechte spiegeln eine Verlogenheit, da ungleiche Pflichten eben einen natürlichen Sinn haben. Es gibt keine ›Gleichheit‹, nicht unter Männern und nicht unter Frauen und schon gar nicht zwischen Mann und Frau.« (FF 4/2004, 12) Im Lageralltag der HDJ drückt sich dies auch in geschlechtergetrennten Aktivitäten aus, die den Gender-Konzepten entsprechen sollen. Für Jungen werden körperliche und kämpferische Aktivitäten in den Vordergrund gestellt, für die Mädchen Basteleien, Backen und gymnastische Übungen, wie die Lagerberichte belegen. Exemplarisch kann FF 1/2005, 17 zitiert werden:

> »Zudem mußten die Jungs der Einheit Franken möglichst schnell eine etwa 12 km lange Strecke mit Hilfe von Karte und Kompaß zurücklegen. [...] Die Mädels buken unterdessen mit tatkräftiger Unterstützung aus der Einheit Preußen zwei leckere Kuchen für die Teestunde.«

Auch männliche Mitglieder der HDJ haben strengen Verhaltensansprüchen zu genügen. Sie werden ebenso wie die weiblichen Mitglieder dazu angehalten, sich nicht modischen Trends hinzugeben, dabei wird auch hier an die attestierte völkische ›Art‹ appelliert. »Natürlich stehst du eigentlich gar nicht auf den ganzen Kram, der heutzutage so ›in‹ ist.« (FF 1/2004, 6)

Ähnlich wie bei den Mädchen wird auch hier über die vermeintlichen Attraktivitätseinbußen gegenüber deutschen Mädchen durch ein Abweichen vom völkischen Stil argumentiert (ebd.). Allerdings entfallen hier die Schreckensvisionen von jugendlichem Nachtleben und Andeutungen von Sexualität. Auch von männlichen HDJ-Mitgliedern wird erwartet, der völkischen Pflicht nachzukommen und sich fortzupflanzen. »Bejahe das Leben! Bejahe den Kampf! Werde unsterblich! Werde Vater!« (FF 3/2008, 20) Als männliches Ideal wird »Ritterlichkeit« (FF 4/2006 & 1/2007, 27) beschworen. Damit werden ehrenhaftes Verhalten gegenüber deutschen Frauen (vgl. ebd.) und die Einordnung in und Aufopferung für die völkische Gemeinschaft verknüpft. »Die echten Ritter sind vom harten Geschick geschlagen und geprägt, ihr Sporn ist die Treue und ihr Schwert der Glauben an das ewige Bestehen der Geschlechter und, daß die selbe Herrlichkeit aus dem Stamme immerdar wiedergeboren werde« (FF 4/2008, 22). Es wird »stolze[s] Mannestum« (FF 4/2007, 7) gefordert, das sich durch »Leidenschaft, Idealismus und sittliche[n] Anstand« (ebd.) auszeichnen soll. Die Männer außerhalb der völkischen Gemeinschaft werden beschrieben als

> »Schwächlinge, Umfaller, verweichlichte Gestalten ohne Rückgrat – willenlos und unfähig, eine Sache um ihrer selbst willen bis zum Ende durchzustehen. Schwätzer, Selbstdarsteller, eitle Gecken – stets bestrebt, sich selbst ins rechte Licht zu rücken und auf den eigenen Vorteil bedacht. Lügner, Speichellecker, charakterlose Lumpen – nicht in der Lage, das eigene Wort zu halten. Widerlich.« (ebd.)

Die Männer innerhalb sind auserwählt, das deutsche Volk anzuführen, andere durch ihr Beispiel »mitzureißen« und völkisch zu erwecken. »Gehen wir den Zaghaften voran, reißen wir sie mit und erschaffen in uns den deutschen Menschen. Deutscher: werde, was Du bist!« (FF 4/2007, 7)

Geschichtsrevisionismus

Geschichtsrevisionismus und damit verbundener Revanchismus sind Kernelemente der ideologischen HDJ-Erziehung. Die Inhalte werden in Texten, Schulungen und als Programmpunkte bei Ausflügen eingebaut. Es werden persistent die Namen ehemaliger deutscher Gebiete wie Ostpreußen und Schlesien genutzt, anstatt der heute korrekten geographischen Eigennamen. »Wir besuchen die Orte, an denen deutsche Geschichte geschrieben wurde: das Tannenberg-Denkmal in Ostpreußen, das Hermannsdenkmal im Teutoburger Wald, das Brandenburger Tor, die Gräber der unbekannten Soldaten...« (UL 2000, 6) Es wird auf ein Deutschland in den Grenzen von 1938 referiert, diese Gebiete werden als naturgemäß angestammtes Volksterritorium verstanden. »Wir sahen vor Jahren das Reich wachsen, und anschließend auf der Landkarte verschwinden. Wir sahen, wie geschlossene Gebiete deutschen Volkstums und deutscher Kultur durch bösen Willen und Unverstand vom Mutterlande gerissen wurden.« (FF 2/2005, 14) So wird auch der deutsch-polnische Grenzvertrag von 1990 als bestehender Volksverrat gewertet. »Verzicht bleibt Verrat – 21.06.1990 – vor 10 Jahren: Der Bundestag in Bonn und die Volkskammer in Ostberlin erklären die polnische Grenze für unantastbar. Damit verzichtet die BRD völkerrechtswidrig auf die deutschen Ostgebiete.« (UL 2000, 14) Mit dem revanchistischen Anspruch auf die heutigen Regionen Polens und Russlands verbunden sind auch die mythischen Heldenerzählungen deutscher Soldaten und Freikorpskämpfer, die als personifizierte Form männlicher völkischer Ideale für ihren attestierten Mut, Treue und Opferbereitschaft verehrt werden. So gibt es einen ausführlichen Text zu dem Nationalsozialisten Hans-Ulrich Rudel, der im Zweiten Weltkrieg der höchstdekorierte Soldat der Wehrmacht war. Nach dem Krieg gründete Rudel das *Kameradenwerk*, die Organisation half NS-Kriegsverbrechern bei der Flucht aus Europa und unterstützte in Deutschland inhaftierte NS-Täter wie Rudolf Heß. »Wir halten das Gedenken an Oberst Rudel aufrecht, weil er beispielhaft für alle Deutschen Soldaten übermenschliches geleistet hat. Wir ehren mit ihm alle Kämpfer.« (FF 2/2000, 9) Sogenannte Heldengedenken waren ein fester Bestandteil jeder HDJ-Zusammenkunft. Die Lager wurden mit einem kollektiven rituellen Heldengedenken beschlossen, und ebenso wurde bei jedem Einheitstreffen ein Heldengedenken abgehalten. Auch private Feiern wie das völkische Julfest (welches anstelle des christlichen Weihnachtsfestes in HDJ-Kreisen begangen wurde) waren von diesem Motiv geprägt. »[...] er erzählte von den Soldaten, die ihre Lichter entzündeten und dabei an zu Hause dachten, und er erzählte von den toten Soldaten, die an diesem Abend, ohne daß man sie sehen könnte, überall Weihnachten mitfeiern.« (UL 2006, 27) Diese Ehrungen wurden als Kampf gegen die vermeintliche Umerziehung gewertet.

> »Gerade uns jungen Teilnehmern ist es so wichtig, abseits von allem Verleugnen und Bespotten derer zu gedenken, die für Deutschland alles gaben und auch alles verloren. Ihr Andenken soll aus unserem Herzen, aus dem Herzen unseres Volkes gerissen werden. Doch wir wissen, daß ihr Tod nicht sinnlos war!« (FF 1/2002, 8)

Das beständige Erinnern an die Soldaten soll die Mitglieder an die eigenen Pflichten und die erwartete Opferbereitschaft erinnern. Diese wiederum wird erneut als natürlich und angeboren konzipiert und damit auch als unhinterfragbar. »Daraus ergibt sich, daß der Tod im Kampf, der Tod als Opfer für die Gemeinschaft der höchsten Verehrung wert ist. Diese Grundwerte sind in unsere Menschenart hineingeboren.« (ebd.) Nach dem Verständnis der HDJ stellte NS-Deutschland die absolute Verkörperung der völkischen Ideale dar, die moderne Gesellschaft wird als verräterisch und zerstörerisch abgelehnt. »Die Sozialdemokratie dagegen erweist sich damals wie heute als Hort von Vaterlandsverrat, Internationalismus und Anti-Patriotismus.« (FF 4/2004, 10) Neben den Wehrmachtssoldaten und Kämpfern der nationalsozialistischen SA und SS werden auch die nationalistischen Freikorpsverbände der 1920er heldisch verehrt. Es wird eine militaristische, antidemokratische und nationalistische Haltung propagiert. »Daraus entstammte eine grundsätzliche Ablehnung einer bedingungslosen Friedensbereitschaft als Grundhaltung staatlichen Lebens. Verweichlichung und Pazifismus wurden als Grundübel angeklagt.« (FF 1/2008, 12) Die nationalsozialistische Ideologie als politische Programmatik steht in den Texten im *Funkenflug* und *Unser Leben* nicht im Vordergrund, sondern der Mythos der Umsetzung der nationalsozialistischen Maxime ›Dein Volk ist alles – Du bist nichts‹, die totale Selbstaufgabe für das Fortbestehen des Volkes. »Kämpfer mit Kindern daheim; tapfer das Schicksal ertragend, fleißig ihrer Arbeit nachgehend, treu dem gegebenen Wort, ihrem Vaterland und ihren Frauen; Männer, die ihr Leben einsetzten, um unser Überleben zu sichern!« (FF 4/2007, 5) Während NS-Täter und Kriegsverbrecher als Helden verehrt werden, wird parallel ein deutscher Opfermythos konstruiert. Dabei wird insbesondere die in nationalkonservativen und neonazistischen Kreisen weit verbreitete falsche Opferzahl von Dresden ständig rezipiert und zum Erziehungsinhalt erkoren. »Bei den Luftangriffen auf Dresden kamen zwischen 200.000 und 300.000 Menschen ums Leben. Diese Zahl wird von den heutigen Medien geleugnet und auf 35.000 heruntergelogen, obwohl es eindeutige Quellen gibt.« (FF 1/2005, 10) Den Mitgliedern wird der Erwerb von Literatur nahegelegt, in denen NS-militärische Einheiten verehrt werden, diese können zum Teil direkt bei der ›Abteilung Beschaffung‹ bezogen werden (z.B. FF 4/2005, 7, oder FF 1/2006, 7). Der Transfer der geschichtsrevisionistischen Wissensbestände in den kindlichen und jugendlichen Alltag wird erwartet. In FF 1/2001 wird ein bearbeiteter Schulaufsatz eines jugendlichen HDJ-

Mitgliedes veröffentlicht, in dem der Autor Felix eine prosaische Heldengeschichte eines 15-jährigen Hitlerjungen schildert, der sich im Mai 1945 im Rahmen des sogenannten *Volkssturms* allein gegen die sowjetischen Panzer stellt und in einer ausführlich geschilderten Sterbeszene den Heldentod stirbt (vgl. ebd., 8f.). »Ich kann nicht einfach aufgeben! Kann die Kameraden jetzt nicht im Stich lassen! Nein – ich bin kein Vaterlandsverräter.« (ebd., 8)

HDJ-Erziehung

Erziehung in der HDJ soll die Kinder und Jugendlichen zu dem ihnen per Geburt angestammten Platz in der Volksgemeinschaft führen. Dies geht über eine rein ideologische Indoktrination hinaus, vielmehr wird auf die transzendente Erweckung eines angenommenen »Volksbewußtsein[s]« (UL 2000, 2) rekurriert. »Als erstes müssen wir aus diesem leeren, gesichtslosen Wesen wieder den deutschen Jungen oder das deutsche Mädel herauslösen. Wir wollen unsere Wurzeln erspüren und daraus wachsen.« (FF 1/2001, 3) Die Kinder und Jugendlichen sollen diszipliniert daran arbeiten, dieses Volksbewusstsein zum Dreh- und Angelpunkt ihres Lebens zu machen und so einen Transfer der HDJ-Erziehungsinhalte in ihren privaten Alltag anstreben. »Wir müssen dazu übergehen, unsere ganzheitliche Weltanschauung auf alle Lebensbereiche auszuweiten und vorzuleben. Nicht zuletzt dafür ist auch die Heimattreue Jugend wichtig!« (FF 2/2000, 3) Insgesamt richten sich die Texte durchaus auch an die Eltern als Mitglieder, explizit erwähnt werden sie jedoch nur selten. Gemäß des patriarchal-autoritären Lebensbundprinzips werden die Eltern (wie auch die HDJ) als absolute und unhinterfragbare Autoritäten angenommen. Sie bilden mit ihren Kindern als Familie »die Keimzelle des Volkes« (FF 1/2002, 9) und sind in der besonderen Verantwortung, die Kinder völkisch zu erziehen und so den Volkserhalt zu sichern. Von ihnen wird erwartet, sich bei der HDJ einzubringen, z.B. im Familien- und Freundeskreis. Es finden sich auch wiederholt Lagerberichte, die gemeinsame Familienlager bzw. parallele Kinder- und Elternlager erwähnen (z.B. FF 2/2005, 18). In der ersten Geschichte von *Hagen Heimattreu* wird ausführlich die Idealvorstellung einer völkischen Familie beschrieben anhand des Geburtstagsmorgens des im Text 10-jährigen Hagen (vgl. FF 1/2002, S. 4). Die Eltern haben die HDJ bewusst als Ort institutionalisierter politischer Erziehung gewählt, die Erziehung in Elternhaus und HDJ greift nahtlos ineinander. Der Vater tritt streng und disziplinierend auf, er ist in der ideologischen Erziehung tonangebend. »›Nicht nur auf den Lagern sind uns die Tugenden wichtig. Treue, Pünktlichkeit, Ehrlichkeit, Mut oder auch Opferbereitschaft sind Werte, die überall gelebt werden wollen‹, unterbrach ihn der Vater.«(ebd.) Die Mutter wird im Vergleich zurückhaltend und besonnen beschrieben, sie verziert den Geburtstagskuchen mit einer »Lebensrune« (ebd.) und ist für die emotionale Versorgung zuständig. Die Erziehung in und durch die HDJ-Gemeinschaft soll die Erziehungsinhalte verstärken und ihre Wirkung auf das gesamte Leben der Kinder ausweiten. »Eine Gemeinschaft hat eine unglaubliche Kraft in der Erziehung zu wirken. Sie ist überhaupt das stärkste Mittel, welches die Erziehung kennt.« (FF 1/2001, 4) Sie soll neben der Familie der zentrale soziale Bezugspunkt für die Kinder und Jugendlichen werden. »Diese Gemeinschaft liegt uns am Herzen, wenn wir von überall her zusammenkommen und uns auch gar nicht so oft sehen, merken wir doch, daß wir zusammengehören! Unsre Gemeinschaft ist so etwas wie eine große Familie!« (FF 1/2002, 4) Teil der Gemeinschaftserziehung ist auch die starke Ritualisierung der Abläufe und Aktivitäten, die sich in allen Lagerberichten wiederfindet (siehe dazu Kapitel 4.3.). Frühsport, Einzel- und Gruppenwettkämpfe, Schulungen und geschlechtsspezifische AGs waren obligatorisch. Ebenso wie das Heldengedenken und Leistungs- und Orientierungsmärsche und der folkloristisch geprägte Bunte Abend. In der Tabelle für die Kategorie *HDJ-Erziehung* finden sich 18 Textabschnitte, in denen die gleichförmige und ritualisierte Lagerstruktur deutlich wird. Den Kindern und Jugendlichen wurde ähnlich wie in religiösen Gemeinschaften auch die völkische Missionierung aufgetragen.

> »Was wir auf unseren Lagern, Fahrten und Heimabenden leben und vorleben, wollen wir nicht nur für uns selbst verinnerlichen, sondern auch nach außen tragen. Dabei wollen wir unseren Anspruch und unser Schaffen auf zeitgemäße Art den Außenstehenden zugänglich machen – und somit auch immer neue Jugendliche für unseren Weg begeistern.« (UL 2004, S. 4)

Durch die Konzeption der Gemeinschaft als natürlich und schicksalhaft wird auch ihre Struktur unhinterfragbar. Wer hier führt und sich hervortut, wird durch die anderen Führer*innen entschieden. Alle anderen sollen sich uniformiert und diszipliniert in die Reihen einfügen. »Und darum brauchen wir als Einzelne innerhalb unserer Gemeinschaft auch keine Statussymbole.« (FF 2/2004, 7) Aber es braucht eine Hierarchie und eine klar strukturierte Führerschaft. »Denn ohne Erziehung und Selbstzucht bleibt selbst der genotypisch harmonischste Mensch ein seelischer Krüppel. Erziehung aber ist stets Gemeinschaftssache. Wo keine Führung, da keine Gemeinschaft, da keine Erziehung.« (FF 3/2004, 6) Von den Einheitsführer*innen wird erwartet, der Gemeinschaft als starke und disziplinierte Vorbilder vorauszugehen. Es geht ganz dezidiert nicht um die freie Entfaltung der Persönlichkeit, sondern um Selbstzucht. »Die Persönlichkeit ist Mittel, um für das Ganze wirken zu können. Opferbereitschaft, Tatwille und Ehrbewußtsein, sind die Pole, um die sich unser Leben dreht.« (FF 3/2004, 6) Selbstverwirklichung ist nur im Rahmen des Einfügens in den vorgesehenen Platz in die Volksgemeinschaft vorgesehen. »Selbstverwirklichung bedeutet, seine angeborenen und erlernten Fähigkeiten zu nutzen, sie zu fördern, um sie in seinem Interessengebiet anwenden zu können und sich somit als nützliches Glied in die Gemeinschaft einzufügen.« (FF 2/2008, 11)

Die Einheits- und Unterführer*innen wurden in Seminaren gezielt in der Führung und Beeinflussung von Kindergruppen geschult.

> »Mit einer anschaulichen Darstellung dessen, wie man verschiedene Charaktere einer Gruppe am besten zu Aufgaben motivieren kann und sich somit die einzelnen Gruppenmitglieder leichter führen lassen, begannen wir. Dabei konzentrierten wir uns vor allem darauf, verschiedenen Veranlagungen von Menschen durch unsere Menschenkenntnis aufzudecken, sie einzuordnen und für diese Charaktere den passenden Führungsstil herauszuarbeiten.« (FF 4/2004, 17)

Der Fokus liegt auf dem Führen der Kinder, auf der erzieherischen Vermittlung von Disziplin, Gehorsam und Folgsamkeit. Mitbestimmung, Partizipation, Themenwahl sind für die Kinder und Jugendlichen nicht vorgesehen. Ob zum Frühsport, Fahnenappell oder zur unangekündigten Nachtwanderung (z.B. FF 2/2006, 20) oder zum Ableisten verschiedener Lagerdienste, von den Kindern war stets klaglose Bereitschaft gefordert. »Jugend will Vorbilder, Glaubhaftigkeit, Kampf mit ganzem Einsatz, Verantwortung, Konsequenz und Führung.« (FF 3/2005, 12) Alles ist dabei dem »obersten Gesetz« untergeordnet, dem »Dienst an Volk und Heimat« (ebd., 17). »Ziel ist die Erziehung zu anständigen, sauberen und selbstbewußten Menschen, die fähig sind, Gemeinschaft erst im Kleinen und später im Großen zu leben.« (FF 1/2006, 16) Für die Kinder war nicht nur individuelle Kleidung untersagt und die Teilnahme an allen Aktivitäten verpflichtend, sie waren überdies aufgefordert, sich vollständig auch in den wenigen Pausen der Wirkung der Gemeinschaft hinzugeben. Das Hören von Musik über mitgeführte Abspielgeräte, die Lektüre eigener Bücher oder Zeitschriften war nicht erwünscht.

> »Wir wollen auf Lagern zumindest für kurze Zeit ein Leben nach unserer Art führen. Da bewirkt Musik aus der Konserve, die sicher keine Volkslieder abspielt, einen zerstörenden Bruch. Außerdem geht es um die Frage, ob und wie wir uns auf das Lagerleben einlassen und ob wir die tiefe Bedeutung unserer heimattreuen Gemeinschaft erkennen.« (FF 2/2006, 7)

In diversen Texten im *Funkenflug* werden auch die Kinder an den erwarteten vorauseilenden Gehorsam erinnert. Versinnbildlicht wird das durch die Figur des *Hagen Heimattreu*. Der fiktive 10-Jährige verhält sich in den Geschichten stets ehrenhaft, verantwortungsvoll und mutig. Er weiß um die Regeln, bietet freiwillig Hilfe an und ist stets bereit, Dienste zu übernehmen. Er ist außerdem wehrhaft und entschlossen. In anderen Texten wird den Kindern per Multiple-Choice-System suggestiv die richtige Haltung nahegebracht. »5. Du meldest dich freiwillig, denn Du siehst den Dienst an der Gemeinschaft als Deine Pflicht an. Und zusammen mit Kameraden kann der Küchendienst sogar richtig lustig werden.« (FF 2/2007, 19) Auch Tanz und Gesang, Kunst und jede Art kulturellen Brauchtums werden in dem empfundenen Kampf um den Volkserhalt eingeordnet. Brauchtumsfeste, Fanfarenzug und Volkstanz wurden zum Kampfmittel erklärt. »Nicht nur unser Blut, sondern auch unser Brauchtum und unsere Kultur stehen unter schwerem Beschuß und deshalb sollten wir auch hier zum Angriff übergehen.« (FF 3/2007, 20) Es gibt keinen einfachen Zeitvertreib, alles ist der völkischen Leitmaxime untergeordnet. Dadurch grenzt sich die HDJ auch explizit von bündisch orientierten Jugendorganisationen, z.B. dem *Freibund*, ab: »Für uns dagegen sind Fahrt und Lager, Singen und Tanzen Ausdruck unserer volkstreuen Weltanschauung. Sie sind Zeichen einer jungen Gegenbewegung zum herrschenden Zeitgeist.« (FF 2/2004, 4) Diese Abgrenzung erfolgt allerdings erst, nachdem durch den *Freibund* ein gemeinsames Fußballturnier abgesagt wurde, aus Angst, öffentlich mit der HDJ assoziiert zu werden. An anderen Stellen wird immer wieder betont, dass viele aus den Reihen der bündischen Jugend im nicht-öffentlichen Rahmen die Ideologie der HDJ teilen, aber die öffentliche Positionierung scheuen.

Den Befehlen der Führer*innen ist stets Folge zu leisten – ebenso wie den Eltern stets zu gehorchen ist. Die Erziehung wird dann als erfolgreich gewertet, wenn sie von den Kindern gänzlich verinnerlicht wurde und sich auch im Alltag durch eine völkische und wehrhafte Haltung ausdrückt. »Die Selbsterziehung ist die höchste und stärkste Form der Erziehung und schafft auch die stärkste Persönlichkeit.« (FF 1/2001, 3) Die adoleszenten Mitglieder sind aufgefordert, in der Gesellschaft strukturell bedeutsame, weil einflussreiche berufliche und soziale Positionen einzunehmen. »Um so [sic!] mehr müssen wir Jungen danach trachten, in Schule, Ausbildung, Studium und Beruf mit Ehrgeiz und Ausdauer entscheidende Positionen zu besetzen. Mehr denn je geht es darum, möglichst umfassend für das Volk wirken zu können« (FF 3/2003, 10)

Die HDJ versteht sich als Erziehungskraft an der Seite von völkisch-nationalistisch bis neonazistisch orientierten Eltern. Der Anspruch der HDJ wird wie folgt formuliert: »Jeder, der seine Kinder volkstreu erzogen haben will, soll diese zu uns schicken. Jeder, der mit heißem Herzen die Heimat liebt und in der volkstreuen Jugendarbeit die Wurzel für den Freiheitskampf unseres Volkes sieht, gehört zu uns.« (UL 2006, 2) Im *Funkenflug* 4/2005 berichten Eltern, sich mit ihren gerade zweijährigen Kindern der HDJ angeschlossen zu haben: »Wir wollen unseren Kindern die Möglichkeit geben, in einer volkstreuen Gemeinschaft aufzuwachsen und damit die auf den kulturellen Werten aufbauende Erziehung des Elternhauses unterstützen. Dafür schien uns die HDJ der richtige Weg.« (ebd., 22)

HDJ-Ideale und Tugenden

In dieser Kategorie werden die in den schriftlichen Selbstdarstellungen frequentesten Wertkonstrukte abgebildet. Die Erwartungshaltung gegenüber den Kindern und Jugendlichen in der HDJ ist hoch.

> »Hinzu kommt, daß wir (im Gegensatz zur Spaßgesellschaft) hohe Erwartungen an uns und unsere Kinder haben. Diejenigen, die den Weg in unsere Mitte finden, haben ein gemeinsames Ziel vor Augen. Dafür sind sie bereit, Opfer zu bringen, von denen der Konsumbürger nicht einmal zu träumen wagt, z.B. halten sie sich an feste Regeln, um die Sicherheit unserer Gemeinschaft zu gewährleisten. Und sie bilden und informieren sich, um wachsam und nah am Zeitgeschehen zu sein, stehen für ihre Ideale ein und werden deshalb nicht selten von Widerstand und Unverständnis umgeben. Außerdem wissen sie, daß von ihnen Nachwuchs erwartet wird.« (FF 3/2007, 15)

Als Tugenden, die es durch Erziehung und Selbstzucht auszubilden und zu fördern gilt, werden für die HDJ zunächst einmal Werte angenommen, die in mehreren Texten als spezifisch »deutsch« (z.B. FF 2/2000, 2) oder

»preußisch« (z.B. FF 1/2002, 4) benannt werden. Besonders hervorgehoben wird der Begriff Kameradschaft. Die HDJ-Mitglieder werden als Kameraden (im generischen Maskulinum) adressiert und Kameradschaft als Ausdruck von »Pflichterfüllung und Treue, Verschwiegenheit und Ehre« (UL 2004, 24) verstanden. »Kameradschaft ist Pflicht, ist Arbeit an sich selbst« (ebd.). Die HDJ-Mitglieder werden darauf eingeschworen, dass der Kamerad ihr »Schicksalsbruder« (ebd.) in einer natürlichen und unabdingbaren Gemeinschaft ist, dem man zwingend verpflichtet ist. »Der wesentliche Unterschied zwischen Kameradschaft und Freundschaft ist der, daß Kameradschaft aus der Not heraus, durch Zufall oder Schicksal entsteht. Zwei Menschen sind auf einmal aufeinander angewiesen und müssen zusammen arbeiten/kämpfen, um das Ziel zu erreichen.« (ebd.) Es wird sprachlich eine militärische Assoziation erzeugt. Kameradschaft, Ehre, Treue stellen soldatische Tugenden dar. Auch die Referenz auf die Pflicht im Angesicht der Not und eine (Kampf-)Gemeinschaft, die nicht durch persönliche Neigung, sondern höhere Fügung oder auch Befehlsgewalt entstanden ist, bestärkt diesen Eindruck. »Unser äußeres Auftreten sollte dabei immer so sein, wie es von der Gemeinschaft, von jüngeren Kameraden und von Außenstehenden erwartet wird: Sauber, korrekt, diszipliniert. Und vor allem im Einklang mit uns selbst und unserem Tun.« (FF 2/2004, 7) Solche Vorschriften für das äußere Erscheinungsbild bestehen auch für Soldaten der Bundeswehr, deren äußeres Auftreten als Repräsentanten der BRD stets korrekt, hygienisch und diszipliniert erwartet wird.[14] Im *Funkenflug* 4/2005 wird Autor Sebastian noch deutlicher: »Wir brauchen Kameraden, die treu sind und sich einem gemeinsamen Willen unterordnen. Wir brauchen Kämpfer von fanatischer Besessenheit und zäher Ausdauer.« (ebd., 13) Der Autor Eugen stellt heraus: »Die Begriffe Volk und Soldat sind für uns nicht mehr zu trennen, den Soldat losgelöst vom Volk als Erscheinung an sich zu sehen, scheint uns unmöglich.« (FF 3/2006, 13) Es werden Schriften des nationalsozialistischen Kulturpolitikers Kurt Eggers aufgegriffen, in denen auch Ehepartnerschaften zu Kameradschaften werden. »Wohl werden auch im Leben der Starken Irrtümer in der Wahl der Lebenskameraden vorkommen. Solche Irrtümer werden aufgehoben, indem die beiden Menschen sich trennen, um in einer zweiten Ehe die Erfüllung zur Gemeinschaft zu finden.« (FF 2/2006, 14) Gefühle und affektive Selbsterkenntnis sind da sinnvoll und erstrebenswert,

14 Siehe dazu z.B. die Zentrale Dienstvorschrift der Bundeswehr A-2630/1.

wo sie der Verbindung zu den Kameraden und der Gemeinschaft dienen. »Ein Mensch, der den Klang seiner Seele und auch die Sprache seines Herzens kennt, vermag auch die Stimme des Wesens seines Kameraden zu hören.« (ebd.)

Ein weiterer zentraler Tugendbegriff ist die Treue. Der Begriff ist schon Namensbestandteil der HDJ, er wird immer wieder zentral herausgestellt. Auch den jüngsten Kindern wird das Treue-Verständnis der HDJ in der ersten Geschichte von *Hagen Heimattreu* nahegebracht und mit konkreten Handlungen verknüpft, die auch schon von den jüngsten HDJ-Mitgliedern erwartet werden.

> »Wenn in der Schule jemand zu Dir etwas Böses über mich sagt und Du verteidigst mich, dann hast du deine Treue zu mir, deinem Bruder bewiesen, Du hast mich dann nicht im Stich gelassen. Oder wenn wir, obwohl alle anderen nur noch von der ›einen Welt‹ sprechen, fest zu Deutschland stehen, dann haben wir unserem Land die Treue gehalten.« (FF 1/2002, 4)

Die Kinder und Jugendlichen werden unter dem Begriff Treue dazu aufgefordert, die geschichtsrevisionistischen und völkisch-neonazistischen Inhalte der HDJ auch im Alltag, beispielsweise in der Schule zu vertreten, auch wenn sie sich damit in eine soziale Außenseiterrolle begeben. Je älter die Mitglieder werden, desto größer werden die von der Gemeinschaft erwarteten Opfer. Es wird erwartet, im Zweifel den Beruf zu opfern, staatliche Repressionen in Kauf zu nehmen und das eigene Leben zu riskieren.

> »Treue beweist sich meist erst in der Stunde der Not, in der Gefahr. Es ist kein blindes ›Anhängigsein‹, es ist vielmehr die Konsequenz aus der Erkenntnis der Zugehörigkeit. Treu sein heißt, einen mit wachem Schritt in sein Schicksal begleiten. Und es heißt, bedingungslos für einen anderen Menschen einzutreten. Auch dann, wenn es an die Karriere, an die wirtschaftliche Existenz geht, wenn Freiheit und Leben auf dem Spiel steht.« (FF 2/2005, 7)
> Die Treue verlangt von den Mitgliedern, »[...] in einfacher, treuer Pflichterfüllung ihren Dienst an der Gemeinschaft verrichten, ohne nach dem Lohn zu fragen« (FF 4/2007, 7).

Treue wird analog zu der von Hermann Göring beschworenen »Nibelungentreue« verstanden als »[...] bedingungslose[] Gefolgstreue bis hin zur Selbstaufgabe [...], eine Form bedingungsloser Treue bis zum Tod.« (FF 1/2008, 16)

Leben als Kampf

> »Der Wille zum Kampf eines Überlebenskampfes ist Gesetz und Auftrag, denn alles Leben ist Kampf, der das stetige ›über sich hinauswachsen‹ beinhaltet.« (FF 1/2002, S. 9)

Kampf ist für die HDJ nicht nur eine mögliche Option in ihrem politischen Handeln, sondern Kernbestandteil des Lebens an sich. Dies ist nicht nur Ausdruck der sozialdarwinistischen Überzeugung vom Überlebensrecht des Stärkeren, sondern kulminiert in der Annahme der dauerhaften und potenziell fatalen Bedrohung der Existenz des Volkes, die es mit absoluter Einsatz- und Opferbereitschaft zu bekämpfen gilt. Kampf ist auch im Glaubensbekenntnis der HDJ zentral. »2. Ohne Kampf kann ein Volk nicht bestehen – Mein Glaube ist der Kampf. 3. Das Leben ist der Kampf der Völker – Mein Glaube ist das Leben.« (FF 1/2002, S. 3) Die Verknüpfung von Glauben und Kampf ist überaus nützlich. Durch den Umstand, dass der völkische Glaube der HDJ als »ein Zustand des Wach- und Wachsamseins«, den man »nicht erlernen« (ebd.) kann, vermittelt wird, muss für die Kampfverpflichtung auch keine gänzlich rational erschließbare Begründung geliefert werden.

> »Wir aber hoffen nicht, wir kämpfen, weil wir gestaltend wirken wollen, und erfüllen somit unseren Glauben. Es ist wohl unser Schicksal, als Deutsche in die Welt geboren zu sein, es ist jedoch nicht unser erklärtes Schicksal, als Deutsche in Ketten zu leben.« (ebd.)

Jede Handlung, auch Musik, Kunst und Kultur, wird als Ausdruck des Kampfes gewertet und propagiert. Die Kinder und Jugendlichen werden ganz direkt in Verantwortung genommen.

> »Deutschland wird erst dann wieder zu einer lebenswerten Heimat deutscher Menschen, wenn auch Du begriffen hast, daß der Kampf eine Notwendigkeit ist; wenn Du verstanden hast, daß nur Kameradschaft und Gemeinschaft die Antwort auf den herrschenden Zerfall sind; wenn Du, wie wir, Halbheiten ablehnst, und Aufweichungserscheinungen der politischen Überzeugung verachtest und bekämpfst.« (FF 1/2006 S. 17)

Für Kinder und Jugendliche bedeutet dies explizit den praktischen Transfer der HDJ-Ideologeme in den sozialen Alltag. »Heimattreuer, Dein Dienst endet nicht mit der Abreise von einem Lager. Erst im alltäglichen Kampf gilt es, zu bestehen. Verrate Dich niemals selbst, sondern werbe für unsere Idee und lebe sie vor. Dann erst erfüllst Du Deine Aufgabe.« (FF 2/2008, S. 21)

Da die HDJ als Lebensbundorganisation fest von der ideologischen Linientreue der Eltern ausgeht und daher eine kämpferische Bewährung der Kinder und Jugendlichen im Elternhaus ausgeschlossen wird, wird die Schule zur Arena erkoren. Die Kinder und Jugendlichen werden dazu angehalten, im Schulunterricht die HDJ-Ideologeme offensiv zu vertreten. In dem Text »Nationales Denken und Handeln in der Schule« (FF 4/2005, S. 14) sollen die Leser*innen beigebracht bekommen, »[w]ie man kritisch und sachlich im Unterricht mit linken Lehrern und gehirngewaschenen Mitschülern umgeht« (ebd.). Dafür sollen die HDJ-Mitglieder zunächst »[...] Ruhe bewahren, den Lehrer und die Mitschüler ausreden lassen und ganz genau überlegen, was man mitteilen will« (ebd.). Durch geschickte Fragestellungen sollen sie dann die »Lehrer in die Enge treiben« (ebd.). Diese Fragestellungen werden sodann beispielhaft im Text expliziert. Im Wechsel werden fiktive Aussagen der als »pazifistische Linkstutoren« (ebd.) bezeichneten Lehrkräfte und dazu passende »heimattreue« (ebd.) Fragen präsentiert. Dabei wählt der Autor Paul Beispiele aus den Fächern Geschichte, Kunst und Politik. Er empfiehlt den HDJ-Mitgliedern, in der anschließenden Diskussion kritische Nachfragen der Lehrkraft mit »guten Gegenfragen abzuschmettern« (ebd. S. 15). Die HDJ-Mitglieder sollen die Gesprächsführung behalten und sich nicht von den ursprünglichen Themen abbringen und in eine Grundsatzdiskussion verwickeln lassen. Hier wird von den Kindern und Jugendlichen in der HDJ ein ausgeprägtes abrufbares Wissen vorausgesetzt und auch hohes rhetorisches Geschick erwartet. Es wird keine Rücksicht auf die Eingebundenheit in den Klassenverband oder die Beziehung zur Lehrkraft genommen, die HDJ-Mitglieder sind dazu verpflichtet, den sozialen Druck auszuhalten und sich auch in der sozial angespannten Situation zu bewähren. Stress mit den Lehrkräften und schlechte Zensuren werden als »nichts Neues« in Kauf genommen (ebd. S. 14). Während die Lehrkräfte generisch die Rolle als Feind*innen und Umerziehende einnehmen, wird den HDJ-Mitgliedern die soziale Anerkennung ihrer Mitschüler*innen in Aussicht gestellt. Hier wird das religiöse Missionierungsmotiv wieder aufgenommen. Die HDJ-Mitglieder sollen durch ihr offensives Auftreten andere deutsche Kinder und Jugendliche völkisch erwecken. »Mit belegbarem Wissen wendet man seinerseits die Aufmerksamkeit der Mitschüler auf sich, regt zum Mitdenken an und zwingt den Lehrer zur Antwort. Wenn die Art und Weise der Fragestellung gut formuliert wurde, kann sich kein Lehrer seiner Antwort entziehen.« (FF 4/2005, S. 15) Auch in Geschichten von *Hagen Heimattreu* wird den HDJ-Mitgliedern dieser schulische Widerstand vermittelt. »Das war Hagen Heimattreu. Der hatte immer was Besonderes auf Lager, was die Anderen doch aber irgendwie an ihm mochten. Jedenfalls hatte er schon so manchen Lehrer, besonders natürlich diese Eine, mit seinen gekonnten Sprüchen in Verlegenheit gebracht.« (FF 1/2008, S. 14) In dem Textabschnitt wird deutlich, dass das Rollenvorbild Hagen, in dieser Geschichte 12 Jahre alt, wie von ihm erwartet in der Schule den völkischen Widerstand erfolgreich probt. Ihm gelingt es, Lehrkräfte in Verlegenheit zu bringen, und er wird von seinen Mitschüler*innen dafür geschätzt. Es wird suggeriert, dass die HDJ-Mitglieder durch die Unterrichtsstörungen nicht in eine Außenseiterrolle geraten, sondern sich viel eher das Interesse und die Wertschätzung der Mitschüler*innen verdienen. Im *Funkenflug* 4/2008 greift Hagen zu einer anderen Strategie und reicht einen Aufsatz im Sozialkundeunterricht ein.

> »Wochenlang hat die Sozialkundelehrerin Hagens Klasse mit dem Thema ›Demokratie‹ in den Ohren gehangen. Das war die Zeit, in der Hagen ernsthaft daran dachte, öfters mal die Stunden zu schwänzen. Von der Lehrerin sowieso einen Maulkorb bekommen, hielt er sich mit spitzen Bemerkungen und Fragen zurück. Heute aber gabs den Aufsatz zum besagten Thema und Hagen konnte nicht umhin, den Lügereien ein Ende zu bereiten.« (ebd. S. 7)

In dem Aufsatz schreibt er über die von der HDJ angenommene Unterdrückung des deutschen Volkes durch die Demokratie (ebd.), das Einreichen des Aufsatzes beendet für Hagen »wochenlangen Frust« (ebd.). »Das Ergebnis war ein ›Ungenügend‹ und eine Stunde Nachhilfe in BRD-Büßer-Manier. Hagen nimmts gelassen. Das nämlich war es ihm allemal wert.« (ebd.) Die Einbußen in der schulischen Laufbahn werden als nicht nur bereitwillig erbrachtes, sondern innerlich befriedigendes Opfer präsentiert.

Der Text »Fußball ist wie das Leben« wird im *Funkenflug* 2/2000 (S. 7f.) erstveröffentlicht und dann sechs Jahre später im *Funkenflug* 2/2006 (S. 11f.) erneut abgedruckt. Der Text ist als Dialog zwischen zwei Jungen aufgebaut, von denen einer, Frank, Mitglied in einem Fußballverein ist und seine Mitgliedschaft gegenüber einem Nichtmitglied, Dennis (2000) bzw. Tim (2006), argumentativ vertritt. Der Fußballverein steht in dem Text metaphorisch für die HDJ, und so dient der Text als Blaupause für Kinder und Jugendliche in der HDJ in der Auseinandersetzung mit Nichtmitgliedern in Schule und Freundeskreis, wie an dem folgenden Ausschnitt deutlich wird:

T: »Dieses ganze Gerede von der Gemeinschaft ist doch sehr gefährlich. Früher haben sie sogar von ›Volksgemeinschaft‹ gesprochen, als ob das Volk eine große Fußballmannschaft sei. Sei doch mal ein bißchen kritisch. ›Gemeinschaft‹ kann man nicht sehen und nicht greifen, das gibt es gar nicht. Das ist doch nur ein Fantasiegebilde!
F: Für dich gibt es wohl nur das, was das Fernsehen dir zeigt. Freiheit, Liebe, Ehre, Ideen, die gibt es alle nicht, nein, das sind ja nur Fantasiegebilde. Aber das ganze Leben dreht sich um sie, und nicht um die toten Steine, die du sehen und greifen kannst. Die Ideen sind das, was eigentlich wirkt in der Welt, was uns bewegt.
T: Also gut, aber es müssen die richtigen Ideen sein. Und dazu gehören Verein und andere Gemeinschaften nicht.
F: Wer die Gemeinschaften zerstören will, erklärt sie einfach für tot. Aber die Familie lebt, die Völker und die Nationen leben auch. Und auch mein Verein lebt.« (FF 2/2006, S. 11)

Die Auseinandersetzung mit Mitschüler*innen und Gleichaltrigen, die nicht in der HDJ organisiert sind, ist offenbar ein dringendes Thema, wenn auch soziale Schwierigkeiten nicht explizit benannt werden. Soziale Ausgrenzung durch andere deutsche Kinder scheint nicht denkbar, da die HDJ sich als elitäre »Voranschreiteorganisation« (FF 2/2008, S. 3) begreift, die die Erweckung der restlichen Deutschen nach eigener Überzeugung erreichen wird. Soziale Probleme sind nur durch eine rassistische Distanzierung offen thematisierbar. »Da es an vielen Schulen oft zu Ausschreitungen und Übergriffen von Ausländern kommt, diskutierten wir das Thema ›Multi-Kulti‹ mit den ›Älteren‹ ab zehn Jahren und tauschten Erfahrungen, Fragen und Antworten aus.« (FF 2/2006, S. 18) Es wird stattdessen an die innere Haltung der Mitglieder appelliert und – bei konsequenter Umsetzung der indoktrinierten völkischen Haltung – langfristig auch das Ansehen der Gleichaltrigen in Aussicht gestellt.

Im Funkenflug 4/2005 berichtet Autor Martin von einer Störaktion an einem Gymnasium in Bad Driburg, bei der die Mitglieder der *Einheit Hermannsland* uniformiert eine Schulaufführung mit Stücken von Friedrich Schiller besuchten. Die Aufführung sollte dem Bericht zufolge als Werbegrund für die HDJ genutzt werden, doch die mehrsprachigen und modernen Interpretationen der Schiller-Stücke motivierten die HDJ-Mitglieder zu abfälligen Zwischenrufen. »Es blieb uns leider auch nicht erspart, ein Schillergedicht in acht verschiedenen Sprachen zu hören, doch unsere Negativbemerkungen nahmen ebenfalls an Lautstärke zu.« (ebd. S. 7) Der Bericht belegt die (geforderte) Bereitschaft innerhalb der *Einheit Hermannsland*, auch im sozialen Nahraum offensiv und disruptiv aufzutreten. Negative soziale

Folgen werden bereitwillig in Kauf genommen. »Wir werden es uns auf jeden Fall nicht nehmen lassen, weiterhin solche Veranstaltungen zu besuchen und lautstark Kritik zu üben. Wir sehen nicht länger zu, wie deutsche Kultur zur Lachnummer der ganzen Welt verunstaltet wird!« (ebd.)

Bedrohungsszenarien

Seit Beginn der *Funkenflug*-Publikationen finden sich in jeder (vorliegenden) Ausgabe Erwähnungen von bestehenden Bedrohungen, äußeren schädlichen Einflüssen und der nahenden Zerstörung des deutschen Volkes an sich und auch der HDJ ganz konkret. Nachdem im Jahr 2000 das Vereinskonto der HDJ durch die Postbank gekündigt wurde, werden die Mitglieder über diesen Vorgang durch den damaligen Bundesführer Alexander Scholz unterrichtet. »Nun hat die aktuelle Pogromstimmung auch die volkstreue Jugend erreicht. Unser fast 10 Jahre altes Konto bei der Postbank wurde uns gekündigt. So wird also auf die beispielslose [sic!] Hetzkampagne reagiert.« (FF 2/2000, S. 2) Scholz stellt heraus, es gehe um die Verfolgung »ALLE[R] deutschdenkenden und -fühlenden Menschen« (ebd.). In jedem Bereich des Lebens wird die unmittelbar bevorstehende Vernichtung der Volksgemeinschaft antizipiert. Der zunehmende Popularitätsverlust von Volkstanz, folkloristischen Liedern und Schlagern und trachtenähnlicher Kleidung wird nicht in einem fortschreitenden Prozess gesellschaftlicher und historischer Entwicklung eingeordnet, sondern als gezielte Unterdrückung der völkischen Wurzeln durch die Gegner*innen des Volkes kolportiert.

> »Das große Leid der heutigen Zeit spüren wir in allen Lebenslagen. Das Bewußtsein unserer eigenen Art – woher wir kommen, was uns auszeichnet und wer wir sind – soll, wenn es nach dem Wollen der uns Beherrschenden geht, in Vergessenheit geraten, besser noch völlig verschwinden; samt seiner Träger – des deutschen Menschen. Diese tiefgreifende Zerstörungsarbeit beginnt bereits bei der Vernichtung und Verfälschung unseres gesamten kulturellen Brauchtums.« (FF 3/2003, 5)

Die Bedrohung ist permanent und allgegenwärtig. Durch die Familienpolitik in der BRD würden »Ehe und Familie als antiquiert aus dem Betrachtungszentrum gedrängt und so der weiteren Zersetzung preisgegeben« (FF 3/2005, 7). Die HDJ wähnt sich in einer »biopolitischen Todesspirale« (FF 1/2002, 9). Das Narrativ der Volkszerstörung durch die gezielte Unterdrückung deutscher Familien bei gleichzeitig beförderten massenhaften Migrationsbewegungen findet sich in weiten Teilen des rechten politischen Spektrums, von nationalkonservativen Positionen innerhalb der CDU/CSU[15] über die AfD bis hin zu elitären völkisch-neonazistischen Organisationen wie der HDJ. Bei der HDJ wird dieses Narrativ zu einem ständig beschworenen Damoklesschwert, das den von allen Mitgliedern verlangten Kampf- und Opfergeist zu einer unabdingbaren Notwendigkeit erhebt. Alle von dem völkischen Kurs der HDJ abweichenden Ideologien und Phänomene werden zu zerstörerischen Elementen erklärt, die »die Auflösung beständiger Ordnungen« (FF 4/2004, 11) zum Ziel haben. Auch bei Berichten von HDJ-Zusammenkünften und Großveranstaltungen ist das Motiv der drohenden Volksvernichtung omnipräsent. Die Rede des damaligen Leiters der *Artgemeinschaft* Jürgen Rieger beim Märkischen Kulturtag 2004 wird wie folgt zusammengefasst: »Er vergaß aber auch nicht jene mit scharfen Worten zu bedenken, die unser Volk seit jeher schädigen und vernichten wollen, und endete mit einem Appell zur nationalen Zukunftsgestaltung, die ohne Erkennen der eigenen Wurzeln nicht denkbar ist.« (ebd., 13) Die HDJ beschreibt sich als verfolgt und unterdrückt. »Man redet von Freiheit der Meinung und würgt jede andere als ›politisch unkorrekt‹ heimtückisch ab. [...] Damit ist die Axt an die Wurzel unseres Volkes gelegt.« (FF 1/2005, 3) Volkszersetzende Bedrohungen werden aber nicht nur an die heutige Zeit gebunden, sondern es wird von einer historischen Persistenz einer solchen Bedrohung ausgegangen. »Seit Beginn des Krieges gegen das deutsche Volk im Jahr 1914 werden wir mit den geistigen und kulturellen ›Leistungen‹ unserer Feinde umerzogen« (FF 3/2007, 4). Dieser Annahme folgend befindet sich das deutsche Volk im Jahr 2007 seit nunmehr 93 Jahren in einem permanenten Kriegszustand.

> »Der Krieg wird dann noch immer als wahrscheinlichstes Ventil herhalten, wenn soziale Konflikte unerträglich werden, und sei es in Form des Bürgerkriegs. Dieser ist bereits im vollen Gange, betrachten wir einmal die Verhältnisse in deutschen Großstädten: Ausländerbanden terrorisieren ganze Stadtteile, Drogenhändler an jeder Ecke, Antideutsche, die ihre Propaganda gegen das deutsche Volk verbreiten und nationale Deutsche angreifen.« (ebd.)

Hier wird auch die rituelle Bedeutung der Heldengedenken augenscheinlich, in denen die HDJ-Mitglieder an ihr soldatisches Erbe und ihre kämpferische Pflicht erinnert werden. Die HDJ begreift ihre Mitglieder in direkter Tradition der Soldaten NS-Deutschlands, wie in einem Heldengedenken-Text im Kalender *Unser Leben* 2009 betont wird.

15 Siehe dazu z.B. Die Zeit 03/2018 (O.A. 2018).

> »Wir stehen im Kampf, heute wie vor über 60 Jahren. Damals hetzten internationale Mächte die Völker Europas und der Welt in einen Krieg gegen uns. Heute wird der gleiche Krieg weitergeführt, nur nicht militärisch, sondern psychologisch, wirtschaftlich, kulturell und rassisch.« (ebd., 26)

Die Absolutheit und Omnipräsenz der antizipierten Bedrohung erfordert die in der Kategorie *Leben als Kampf* dargelegte absolute Opferbereitschaft. Die HDJ-Mitglieder befinden sich gewissermaßen im finalen Kampf gegen den Volkstod.

Feindbilder: Umerziehung, bürgerliche Presse, Emanzipation, moderne Gesellschaft, moderne Jugend, divers

Die Bedrohungsszenarien und die Betonung der Kampfnotwendigkeit sind nur durch die Vermittlung starker Feindbilder aufrechtzuerhalten. Einerseits werden konkrete Bedrohungen geschaffen, indem spezifische Institutionen, Berufsgruppen und Personen als feindlich markiert und den HDJ-Mitgliedern so als mehr oder minder offen zu bekämpfende Aggressor*innen präsentiert werden. Andererseits wird durch die offensive Abgrenzung nach außen der innere Zusammenhalt als eingeschworene Kampfgemeinschaft gestärkt. Die Feindbilder haben also sowohl eine legitimatorische als auch eine stabilisierende Funktion in dem ideologischen Gefüge der HDJ. Diejenigen Feindbilder, die in den schriftlichen Selbstdarstellungen besonders prominent aufgegriffen wurden, sind in eigenen Subkategorien im Rahmen der inhaltlich strukturierten qualitativen Inhaltsanalyse erfasst. Für die Ergebnispräsentation werden die einzelnen Subkategorien anhand prägnanter Textbeispiele abgebildet. Da für die vorliegende Arbeit die Funktionalität der Feindbilder im Vordergrund steht, werden die inhaltlichen Charakteristika der einzelnen Feindbilder nicht bis ins Detail expliziert. Die vollständigen Tabellen können in Anhang B eingesehen werden. Die Kategorie Feindbilder setzt sich aus den sechs Subkategorien *Umerziehung*, *bürgerliche Presse*, *Emanzipation*, *moderne Gesellschaft*, *moderne Jugend* und *Feindbilder divers* zusammen. Dabei überschneiden sich die Kategorien teilweise inhaltlich bzw. werden in Textabschnitten miteinander verknüpft.

Das Narrativ einer allumfassenden *Umerziehung* deutscher Kinder mit dem Ziel der totalen Nivellierung der kolportierten genetisch determinierten eigenen Art ist ein zentrales Feindmotiv.

> »Heute arbeitet die Gesellschaft der Umerzieher mit System und Erfahrung, vor allem gründlicher und lückenloser. Schule, Presse, Rundfunk und Fernsehen – es werden keine Kosten und Mühen gescheut, um unserem Volk die Ideale zu rauben oder verächtlich zu machen.« (FF 2/2005, 7)

Nach diesem Verständnis arbeiten Schule und Medien gemeinsam und gezielt gegen die völkisch-nationalistischen bis neonazistischen Ideologien und die daraus resultierende völkische Erziehung der Eltern und der HDJ an. Daraus erfährt auch die HDJ einen Teil ihrer Daseinsberechtigung. Auf der Website 2001 werden gezielt Eltern mit diesem Motiv angesprochen:

> »*Eltern aufgepaßt!* [H.i.O.]
> Haben Sie sich eigentlich schon mal überlegt, wer heutzutage alles Einfluß auf die Entwicklung ihrer Kinder nimmt? Ihr Stellenwert als Eltern schrumpft zusehends. [...] Nicht zuletzt für volkstreue Eltern muß da unweigerlich die Frage auftauchen, wie sie ihre Kinder vor einseitiger, zeitgeistgemäßer, antideutscher Beeinflussung schützen können. Ist es überhaupt möglich? Spätestens in der Schule hört der Einfluß des Elternhauses auf, und eine Schar internationalistisch-multikulturell geschulter ›LehrerInnen‹ übernimmt dann die Erziehung ihrer Kinder zu ebenso internationalistisch-multikulturell denkenden Staatsbürgern.« (ebd.)

Hier kommt die HDJ ins Spiel, sie bietet sich als volkstreuer Erziehungspartner der Eltern an. »Wir haben uns zur Aufgabe gestellt, Menschen zu erziehen, uns selbst zu erziehen, Ziele zu setzen und diese zu erreichen.« (FF 1/2005, 16) Ganz offen werden bestimmte in der Gesellschaft verbreitete Wissens- und Kulturbestände abgelehnt. »Wir wollen einen eigenen Lebensweg bestreiten und nicht nur auslöffeln, was uns andere auftischen: die Mediensuppe, die Geschichtslügensuppe, die Moderne-Kunst-Suppe.« (ebd., 7) In verschiedenen Texten wird diese Umerziehung direkt mit der Niederlage NS-Deutschlands verknüpft, indem ein Plan der »Siegermächte« (z.B. FF 2/2005, 13) als ursächlich besprochen wird. Die Schule als Konzentrationspunkt ideologischer und sozialer Einwirkung auf die Kinder steht besonders in der Kritik. Lehrkräfte, Pädagog*innen und Psycholog*innen werden als Berufsgruppen wiederholt in herabsetzender Weise und dezidiert als Gegner*innen der HDJ beschrieben.

> »Für unser Volk wäre zwar eine solche Jugendpflege à la FDJ oder Pfadfinder immer noch besser, als die Jugend und Zukunft unseres Landes der antiautoritären Erziehung unserer verlausten 68er-Lehrer, Pädagogen und Psychologen

> zu überlassen. Großes jedoch, Kunst, Geist und Kultur kann nur aus einer freien Jugendbewegung entstehen.« (FF 3/2006, 11)

Insbesondere die Lehrkräfte werden als »verlauste[] 68-er Lehrer« (ebd.) mit »krankhaften Vorstellungen« (FF 4/2005, 7) und als »pazifistische Linkstutoren« (ebd., 14) bezeichnet.

> »Unter dem Leitspruch ›In jedem jungen Deutschen kann ein neuer Hitler stecken – dies müssen wir verhindern!‹ gingen die 68er durch die Institutionen und haben genau die Stellen besetzt, die sich zur internationalen Umerziehung am besten eignen: Die Schulen!« (ebd.)

An der Seite der Schulen wird die *bürgerliche Presse* als »Umerzieher« (FF 2/2005, 7) ausgemacht. Die Presseorgane in Form von Printmedien, Fernsehen und Radio werden als »aggressive Massenmedien« (FF 2/2000, 3) und »Mediendrache« (FF 4/2004, 6) bezeichnet, die »Verirrungen, Falschmeldungen und Hetzereien« (FF 2/2007, 13) verbreiten. Journalist*innen sind für die HDJ »staatlich subventionierte[] ›Pressekreaturen‹« (FF 2/2007, 17) und »Tintenritter, tageslichtscheu und mit geistiger Weitsicht von der Tapete bis zur Wand« (FF 4/2008, 3). Das Feindbild *bürgerliche Presse* durchläuft dabei in der Zeit des legalen Bestehens der HDJ eine Wandlung. In den Anfangsjahren bis 2005 werden bürgerliche Presse und Medien vor allem als Teile eines Umerziehungssystems eingeordnet, dem die völkische Erziehung entgegensteht. »Denn das Vorleben und Weitergeben der eigenen Anschauungen, des eigenen Wesens, der eigenen Wertvorstellungen und der eigenen Denkart ist im Zeitalter der aggressiven Massenmedien wichtiger und überlebensnotwendiger denn je.« (FF 2/2000, 3) Ab 2005 nehmen kritische Medienberichte über die HDJ zu, und die bürgerliche Presse wird so zu einem vielfach in Texten adressierten und häufig konkret personifizierten Gegner. Die Berichterstattung wird direkt mit staatlicher Repression verknüpft und in ein Bedrohungsszenario gegen die HDJ eingeordnet. »Die Medien haben indes ihr Sommerloch gut gefüllt, die Druckereien Urlaubssperren verhängt, und wir Volkstreuen dürften in der nächsten Zeit mal wieder mit verstärkter Hetze und Repression zu rechnen haben.« (FF 2/2005, 3) Ab 2006 wird die Fachjournalistin Andrea Röpke zur Personifizierung dieses Feindbilds. Nach der Veröffentlichung der Lagerbilder aus Fromhausen wurde sie in nahezu jeder Ausgabe erwähnt oder war gar das zentrale Motiv der Artikel (z.B. im FF 3/2006 in gleich drei Artikeln). Auch mehrere Karikaturen von Röpke wurden im *Funkenflug* abgedruckt. Als Röpke mit einem Fotografen gemeinsam im November 2006 den Märkischen Kulturtag in Blankenfelde dokumentieren wollte, wurde sie von mehreren HDJ-Mitgliedern verfolgt und schließlich von Bundesführer Sebastian Räbiger körperlich angegriffen. Räbiger wurde für den Angriff auf Röpke im Dezember 2008 zu einer vierstelligen Geldstrafe verurteilt (vgl. Jansen 2010). Räbiger veröffentlichte nach seiner Verurteilung ein Gedicht über den Übergriff im *Funkenflug*, in dem er gleichsam den Übergriff leugnete und Drohungen formulierte: »Eins ist klar und ohne Frag': Ins Gesicht gab's Faustes Schlag? Wär' es so, wie sie's gelogen, Ihr Kopf wär' bis zum Mond geflogen!« (FF 1/2009, 12) Ihre journalistische Tätigkeit wird dabei nicht nur als lästiges Ärgernis gewertet, sondern zunehmend mit dem praktischen Kampf um das Fortbestehen der HDJ als legalem Verein verknüpft. »Während der mächtigste Rollstuhlfahrer der Republik von einem Verbot der HDJ träumt, versuchen seine bezahlten Helfer von der Antifa-Presse fieberhaft Beweise zurechtzubasteln.« (FF 2/2007, 17) Die Berichte sind geprägt von dem Bemühen, unbeeindruckt und wehrhaft zu erscheinen (»Uns geht das Ganze normalerweise mehr oder weniger am Allerwertesten vorbei.«, FF 2/2007, 17), während in der Praxis dennoch Einschränkungen erfahren werden. So wird im Funkenflug 2/2007 die Auflösung des Familienkreises der HDJ bekanntgegeben.

> »Durch den vollkommen unverhältnismäßigen Einsatz von Schnüffeltrupps der Polizei, Hubschraubern mit Wärmebildkameras, die über dem Lagerplatz kreisten, und Lügenberichten staatlich subventionierter ›Pressekreaturen‹ löst sich der Familienkreis der HDJ auf. Unter diesen Rahmenbedingungen ist eine Arbeit mit Kleinstkindern im Stillalter nicht mehr zu bewerkstelligen.« (ebd., 17)

Für die Kinder und Jugendlichen der HDJ wird so eine persistente Drohkulisse aus einem überwachenden Staatsapparat und in den Büschen lauernden feindlichen Journalist*innen konstruiert, die nicht das Volk im Abstrakten, sondern die HDJ unmittelbar bedrohen. Die älteren »Kameraden« wurden entsprechend auch in der Sicherung der Lager geschult. »Hierbei wurde uns vermittelt, wie man mit verschiedenen ›Störenfrieden‹ umgehen sollte, und genauso erfolgreich, wie man geschickt auf diese reagiert.« (FF 4/2004, 17)

Verschiedene politische Konstrukte, Ideologien und gesellschaftliche Gruppen werden den HDJ-Mitgliedern konstant als Feindbilder präsentiert. Diese werden zumeist in Aufzählungen als ablehnens- und bekämpfenswert bezeichnet. Textabschnitte dieser Art wurden in der Kategorie *Feindbilder divers* erfasst. »Unserer aus dem Volke gewachsenen, naturwissenschaftlich begründeten Weltanschauung stehen die Ideologien des Liberalismus und Kommunismus mit ihren Begleiterscheinungen des Kapitalismus, Internationalismus und des Globalisierungswahns fundamental entgegen.« (FF 1/2002, 9) Die genannten Ideologien werden gleichzeitig als widernatürlich und unwissenschaftlich diskreditiert, während die völkische Ideologie der HDJ als organisch »gewachsen« und »naturwissenschaftlich begründet« kontrastiert wird. Dieses Argumentationsmuster ist prägend für die HDJ. Die Grundannahme der Gleichheit aller Menschen wird als »[...] lebensfeindliche[s] Dogma [...] jenseits von allen Erkenntnissen in den Natur- und Geisteswissenschaften« (ebd.) abgelehnt. »Die lebenswidrige Utopie der Gleichheit Aller muß von uns in einer Weltanschauung ihre Antwort finden, deren Grundlage die Wirklichkeit der gesetzmäßigen Ordnung des gesamten Lebens ist.« (FF 2/2005, 8) Auch Pazifismus wird als »fremd« und schlussendlich vernichtend etikettiert: »Wer sich im gewaltigen Ringen der Völker selbst aufgibt, beschwört damit nur seinen eigenen Untergang herauf.« (FF 3/2008, 7) Es finden sich in verschiedenen Texten rassistische, antisemitische und antimuslimisch-rassistische Stereotype, die teilweise in Märchenform (vgl. FF 1/2008, 11) den Kindern nahegebracht werden sollen. Rassismen sind ein fester Bestandteil völkischer Ideologie, für welche die rassistische Überlegenheitsannahme der eigenen Volksgemeinschaft zentral ist. Damit ist logischerweise auch die Unterlegenheit anderer Volksgemeinschaften angelegt.

Emanzipation und Feminismus werden nicht nur als unnatürlich, sondern als überaus gefährlich für die Volksgemeinschaft verstanden, die es vollständig auszumerzen gilt. »Wo jede Frau ein ›bißchen‹ Emanze sein darf (oder gar soll), greifen die geistigen Umtriebe noch mehr ins Volk als durch die abstoßende Klarheit einer Alice Schwarzer.« (FF 4/2004, 11) Die mit Emanzipation verbundene sexuelle Selbstbestimmung von Frauen und Mädchen steht der völkischen Verpflichtung nach früher und pluraler Fortpflanzung potenziell entgegen. »Die Folgen der Emanzipation sind heute nicht mehr übersehbar: gesellschaftlich anerkannte Abtreibungen, Kinderlosigkeit, zerstörte Familien – der schleichende Volkstod!« (ebd., 12) Errungenschaften feministischer Kämpfe werden als Vernichtungsschläge gegen das Volk gewertet. »Endlich konnte sie doch nun über ihren Körper bestimmen. Bis heute sind dadurch unserem Volke Millionen von Menschen verlorengegangen.« (FF

2/2005, 15) Frauen, die sich nicht vollständig der Zeugung und Erziehung deutscher Kinder verschreiben, werden für diverse gesellschaftliche und soziale Missstände verantwortlich gemacht. »Dann kam das Rowdytum, die wüsten Schlägereien auf dem Schulhof und im Klassenzimmer. Es folgten Kinderkriminalität, was von uns früher für unmöglich gehalten wurde. Im Jahre 2001 meldete Hannover 200 Straßenkinder.« (ebd.) Wenn sich Frauen für einen Beruf neben oder gar anstatt von Kindern entscheiden, wird dies als Produkt der omnipräsenten Umerziehung gewertet. »Das ist der eigentliche Beweis dafür, daß man den heutigen Frauen den Wunsch ›Karrierefrau‹ nur eingeredet hat. Schlimmer noch: durch Jahrzehnte hindurch hat man ihnen eingeredet, daß das ›Hausfrauendasein‹ unter ihrer Würde sei.« (ebd.) Die emanzipatorischen Freiheiten der modernen Gesellschaft gefährden den Einfluss und Absolutheitsanspruch der HDJ insbesondere bei weiblichen Mitgliedern. Entsprechend müssen die schon in der Kategorie *Geschlechterrollen* dargelegten starren Verhaltensregeln für Mädchen und Frauen bei der HDJ stets bekräftigt und die Emanzipation muss theatralisch als »schleichender Volkstod« abgelehnt werden. »Klar, die Frau und Mutter als Hüterin der Familie und Keimzelle des Volkes aus ihrer Aufgabe zu reißen, heißt, die Wurzel zu packen.« (FF 4/2006 – 1/2007, 27)

Nicht nur diverse Ideologeme stehen der HDJ als feindlich gegenüber, auch die Menschen, die diese gegenüber der HDJ zum Ausdruck bringen. In der ersten *Funkenflug*-Ausgabe 2005 wird als Sammelbezeichnung für diese Menschen von der HDJ der Begriff »Poc« eingeführt.

> »Wir dürfen vorstellen: Poc! Poc ist die Abkürzung für Pack ohne Charakter oder Person ohne Charisma. Poc vereint alles Schlechte und Niederträchtige in sich. Er lebt in Dreck und Gesinnungslosigkeit. Er ist allgegenwärtig und stets bemüht, volkstreuen Menschen das Leben schwer zu machen.« (FF 1/2005, 5)

Poc wird (stets im generischen Maskulinum) entworfen als gieriger und korrupter Chef (vgl. FF 2/2008, 4), Mitarbeiter des Verfassungsschutzes (vgl. FF 1/2008, 4), Gewerkschafter, Lehrer, Demokrat (vgl. FF 3/2007, 6). Und als »ein schleimiger Arschkriecher ohne Rückgrat« (FF 3/2008, 4). Der Begriff Poc wird so zu einer HDJ-internen Chiffre, mit der die Eingeweihten unliebsame Gegner*innen klassifizieren können. Vereinseigene sprachliche Begriffe dienen ebenso der Stärkung des inneren Zusammenhaltes wie der Abgrenzung nach außen. Diese Abgrenzung findet offensiv gegenüber der modernen Gesellschaft statt. Entsprechende Textstellen werden in der Kategorie *Feindbild moderne Gesellschaft* erfasst. Es wird kein Anschluss, keine Integration in die Gesellschaft gesucht, sondern die Überwindung der Gesellschaft angestrebt. Wir brauchen keine Gesellschaft, denn wir haben Familie, Volk und Gemeinschaft. »Diese heutige Herrschaft des Minderwertigen wird durch unsere junge sieghafte Kraft niedergerungen werden, und an deren Stelle werden wir das Neue, Große, Kommende setzen: unser Volk.« (FF 3/2005, 7) Liberalismus, größere Entwicklungs- und Entscheidungsfreiheiten des Einzelnen fordern eine neue Begründung früher notwendiger Zweckgemeinschaften. Die HDJ versucht diese Begründung mit dem völkisch-rassistischen Gemeinschaftskonstrukt zu liefern und greift dort, wo ihr Konstrukt inhaltliche Lücken aufweist, zur systematischen Abwertung der neuen Entwicklungsmöglichkeiten.

> »Heute, wo der äußere Zwang aufeinander angewiesen zu sein, nicht mehr vorhanden ist, wo sich die Menschen für so frei halten und an ihre Selbstverwirklichung glauben, obwohl man mit ihrer Unterwürfigkeit nur das Wort ›Knecht‹ neu definieren könnte, geben wir dem Wort Kamerad neuen Wert.« (UL 2004, 24)

Dabei wird Emotionalisierung als rhetorische Strategie angewendet. Die von den Mitgliedern erwarteten Affekte werden ihnen direkt mitgeteilt. »Wer bewußt und offenen Auges durch die heutige Zeit geht, könnte geneigt sein, vor Abscheu, Ekel und Enttäuschung zu resignieren. Der Zustrom von Ausländern hält seit Jahren unvermindert an.« (FF 1/2004, 4) Hohe Entscheidungsfreiheit und Autonomie stehen dem Einfügen in die völkische Gemeinschaft im Weg. »Ererbtes wird weggeworfen. Es ist unnütz. Es gilt nichts mehr. Die freie Entfaltung ist das höchste Gebot der Stunde.« (FF 2/2004, 6) Genau hier kommt die Erziehung der HDJ ins Spiel. »Denn ohne Erziehung und Selbstzucht bleibt selbst der genotypisch harmonischste Mensch ein seelischer Krüppel.« (FF 3/2004, 6) Nach dem völkischen Verständnis der HDJ bedeutet Selbstverwirklichung, »[...] seine angeborenen und erlernten Fähigkeiten zu nutzen, sie zu fördern, um sie in seinem Interessengebiet anwenden zu können und sich somit als nützliches Glied in die Gemeinschaft einzufügen« (FF 2/2008, 11). Für den Umgang mit der Gesellschaft gilt für die HDJ-Mitglieder: »Wir dürfen uns nicht an dieser verdummten Spaß- und Konsumgesellschaft der heutigen Zeit beteiligen.« (FF 4/2008, 7)

Um insbesondere die jugendlichen und adoleszenten Mitglieder auf Linie zu halten, wird in vielen Texten die Differenz und soziale Distanz zu anderen, nicht-völkischen Jugendlichen beschworen. Diese Textstellen werden in der Kategorie *Feindbild moderne Jugend* erfasst. Jugendliche außerhalb der HDJ werden in einem Kontinuum zwischen noch zu erweckenden, mit dem richtigen Erbgut ausgestatteten Deutschen und verlorenen Opfern der Umerziehung verortet. »Die meisten Jugendlichen sind materialistisch abgeflachte Konsumenten einer oberflächlichen Welt. Die innere Leere wird mehr und mehr durch Suchtmittel ausgefüllt.« (FF 1/2001, 3) Das Motiv der verführten Jugend, das für die in der HJ und dem BDM sozialisierten Menschen gern verwendet wird,[16] wird auf die moderne Jugend umgemünzt. »Doch schaut man genauer hin, so stellt man fest, daß es in der Geschichte nur selten eine Generation gab, die in fast allen Lebensbereichen derart um wahre Werte betrogen und hinters Licht geführt wurde, wie die heutige Jugend.« (FF 3/2003, 3) Der HDJ kommt die Aufgabe der Errettung und Erweckung der gefährdeten und zum Teil verlorenen Jugend zu.

> »Die Jugend unseres Volkes schläft. Sie hat keine Ideale, sondern will nur den Augenblick genießen. Sie hat vergessen, daß sie Erbe und Träger einer jahrtausendealten und stolzen Geschichte ist. Aber sie ist nicht schlecht. Unsere Aufgabe ist es, sie zu wecken und auch mit unseren Liedern den Sturm in ihren Herzen neu zu entfachen.« (FF 3/2005, 17)

Abgrenzung in die neonazistische & bündische Szene

Die HDJ beschrieb sich selbst als Jugendbewegung. »Wir sind eine Jugendbewegung, keine Jugendorganisation. Wir wollen uns finden und stärken, wo sich schon immer die Jugend unseres Volkes zum Kampf um ihre Ideale gefunden hat: bei kameradschaftlichem Zusammensein, auf Fahrt, Lager und in der Tat.« (FF 3/2005, 17) An verschiedenen Stellen wird auch das Sozialisationsprinzip der Jugendbewegungen des 20. Jahrhunderts ›Jugend erzieht sich selbst‹ (vgl. Kapitel 4.1.) betont, beispielsweise in *Funkenflug* 3/2005: »Jugend zu führen, vermag meist nur sie selbst. Nur ein junger und junggebliebener Mensch kann den Tatendrang seiner Mannschaft nachvollziehen.« (ebd., 12) Schon die Bündischen Jugendorganisationen konnten, wie in Kapitel 4.1. dargelegt, nicht als selbstorganisierte Jugendbewegung charakterisiert werden. Die HDJ selbst stellt sich in einem »Bekenntnis« 2008 in die direkte Tradition der *Hitler-Jugend*, die als staatlich organisierte Ausbildungsstätte mit einer Jugendbewegung nichts mehr gemein hatte:

16 Siehe dazu exemplarisch: Die Zeit 1964.

> »*Heimattreuer* [H.i.O.], Du bist nicht bündisch. Dein Vorläufer ist nicht der Wandervogel oder irgendein anderer Jugendbund, sondern allein die Jugendbewegung als immerwährende Erneuerung des Volkes. Dein Ziel ist nicht die kleine Abgeschlossenheit von wenigen, sondern die große Gemeinschaft der Nation. Du überwindest die Kräfte, die Dich aus Überalterung oder Unverständnis nicht begreifen können.« (FF 2/2008, 21)

Der Anspruch einer »Voranschreiteorganisation« (FF 2/2008, 3) mahnt die HDJ-Mitglieder nicht nur zur Abgrenzung von der pluralistischen und liberalen Gesellschaft, sondern grenzt sie auch innerhalb der bündisch-nationalistischen und neonazistischen Szene elitär ab. Von den Mitgliedern wurde nicht erwartet, sich schlicht in bestehende neonazistische Strukturen und Parteien einzufügen, sondern diese entscheidend zu prägen oder gleich eigene Elitestrukturen aufzubauen. Maßstab für die Abgrenzung sind nicht ideologische Differenzen, sondern attestierte Mängel im öffentlichen Bekenntnis zu den völkisch-nationalistischen und neonazistischen Idealen.

> »Eine nahezu perfekte Maschinerie unheilbar kranker Hirne mit ihren Helfershelfern, den Lakaien der Zuträger, den Massenmedien, den ›Sichselbsthassern‹, hat dafür gesorgt, daß wir mit mangelndem Selbstbewußtsein an die Aufgaben des Lebens gehen. Und immer wie auf Kommando zusammenzucken und entschuldigend in die Knie sinken, wenn Worte wie Nazi, Faschist und weitere fallen.« (FF 1/2009, 4)

Die völkisch-nationalistischen Jugendbünde werden für ihre politische Zurückhaltung im öffentlichen Raum kritisiert.

> »Eine Organisation, die das politische Bekenntnis scheut, meist aus Angst, die als Strategie getarnt wird und sich in die reine Pflege von Traditionen zurückzieht, verliert den Respekt und die Glaubwürdigkeit seiner Mitglieder und schlußendlich die Achtung vor sich selbst.« (FF 3/2005, 12)

Ähnlich werden im FF 4/2006 – 1/2007 rechtsnationalistische Burschenschaften getadelt (vgl. ebd., 19). Mit der Szene des organisierten Neonazismus wird noch härter ins Gericht gegangen. Es wird nicht nur das öffentliche Bekenntnis, sondern auch die richtige, völkische Art des politischen Bekenntnisses gefordert.

> »Das ›Hinterhergerenne‹ nach Marken und Statussymbolen wird nicht wertvoller, wenn diese Klischees von Nationalen bedient werden. Eine Stilrichtung wird nicht wertvoller, wenn die Fischgräte oder ein Schriftzug durch einen markigen Spruch und einem ›Runengebastel‹ ersetzt wird.« (FF 1/2008, 8)

Nicht nur der richtige Ausdruck ist wichtig, sondern auch Entschlossenheit und Opferbereitschaft. »Jene, die bei ernsthaften politischen bzw. weltanschaulich wichtigen Aktivitäten leider sehr oft ›verhindert‹ sind, es sich jedoch nicht nehmen lassen, bei jeder kleinen Volkstanzveranstaltung aufzutauchen.« (FF 3/2006, 4) Das politische Bekenntnis und daraus resultierende Handeln der HDJ wird als richtig, konsequent und exemplarisch betont. »Wir befinden uns lieber am ›Rechten Rand‹ und schauen belustigt bis angewidert zu, wie sich die Gutgläubigen um die vergifteten Köder balgen, um sie möglichst als erster schlucken zu können.« (FF 4/2007, 5)

6. Diskussion

Die vorliegende Arbeit liefert eine systematische und konkrete Untersuchung spezifischer Aspekte der Kindeswohlgefährdung im völkisch-neonazistischen Spektrum am Beispiel der HDJ. Der Untersuchung wurden die folgenden Forschungsfragen vorausgestellt:

- Welche Erziehungsinhalte und -methoden werden aus den Selbstdarstellungen der HDJ ersichtlich?
- Finden sich Hinweise auf kindeswohlgefährdende Erziehungselemente? Falls sich solche Hinweise finden lassen:
  - Lassen sich diese systematisch nachweisen oder handelt es sich um Einzelbefunde?
  - Was sind die Spezifika der kindeswohlgefährdenden Erziehungselemente?

Die Ergebnisse der inhaltlich strukturierten qualitativen Inhaltsanalyse stellen als zentrales Erziehungsmotiv der HDJ die Installation der Hegemonialstellung der Volksgemeinschaft heraus. Alle Erziehungsmethoden und -inhalte sind diesem Motiv untergeordnet. Der Erhalt der Volksgemeinschaft wird als absolutes Paradigma in jedem Bereich des Lebens angenommen. In diesem totalen Anspruch ähnelt die HDJ eher einer fundamentalistisch-religiösen Gemeinschaft als einer politischen Organisation. Politisch-historisch fügt sie sich in die Tradition des totalitären Nationalsozialismus ein. Dieser Eindruck wird auch durch die beständige Betonung der Wichtigkeit des Glaubens an die völkische Ideologie verstärkt, die in jeder Kategorie deutlich wird. Daher erscheint hinsichtlich der Frage nach möglichen kindeswohlgefährdenden Elementen die juristische Referenzgruppe wie in Kapitel 3 in mehrfacher Hinsicht als geeigneter Bezugsrahmen. Die Selbstbeschreibung der HDJ als eine Jugendbewegung hält einer genaueren Betrachtung nicht stand. Prägend für die Jugendbewegungen des frühen 20. Jahrhunderts war die Erschließung eines neuen altershomogenen Vollzugsrahmens jugendlicher Sozialisation ohne die aktive Reglementierung durch die Eltern oder andere Erzieher*innen. Sie stellten in diesem Sinne Jugendselbstorganisationen dar (vgl. Kapitel 4.1.). Diese Strukturbeschaffenheit lässt sich nicht auf die HDJ übertragen. Als Lebensbund konzipiert adressierte die HDJ die gesamte Sippe und verstand sich explizit als Erziehungspartner an der Seite der völkisch-nationalistischen und neonazistischen Eltern (siehe Kategorie *Feindbilder*). Idealtypisch war das Hauptanliegen der HDJ, den als schädlich deklarierten äußeren Einfluss von Schule und Gesellschaft auf die Kinder zu minimieren und durch die Schaffung eines völkisch-neonazistischen Sozialisationsraums neben dem Elternhaus den Verbleib der Kinder und Jugendlichen in dieser spezifischen politischen Szene zu sichern. Mit dem Lebensbundkonzept ist die HDJ historisch bei den völkischen Jugendbünden und der *Hitler-Jugend* zu verorten und nicht bei den Jugendbewegungen. Diese Verortung nimmt auch die HDJ selbst vor, indem sie sich wiederholt in direkte Tradition der HJ setzt (siehe Kategorie *Abgrenzung in die neonazistische & bündische Szene*). Das Bekenntnis zur HJ-Nachfolge subsumiert den in Kapitel 5.3. deutlich gewordenen Anspruch der totalen Unterordnung aller Lebensbereiche unter die völkische Ideologie und ordnet diese historisch ein. Darüber hinaus ergibt sich hieraus auch ein direkter Hinweis auf eine kindeswohlgefährdende Grundstruktur der HDJ. Wie in Kapitel 4.1. dargelegt, kann der primäre pädagogische Effekt der HJ als Neutralisierung der Jugend als gesamte Entwicklungsphase zusammengefasst werden. Jugend als ein Entwicklungsabschnitt, in dem Autoritäten hinterfragt, die eigene weltanschauliche Orientierung entwickelt und Autonomie errungen wird, wird so minimiert. Entwicklungspsychologisch wird die zentrale Entwicklungsaufgabe des Jugendalters als Identitäts- und Selbstfindung herausgestellt (vgl. Lohaus, Vierhaus & Maass 2010, 174). Mit der zunehmenden Ausdifferenzierung des Selbstkonzeptes werden neue soziale Rollen erschlossen und neue Autonomieräume erschlossen (vgl. ebd.). Selbstfindung und Selbstverwirklichung bei der HDJ bedeutet, sein völkisches Erbe und die daraus resultierende Pflicht zu Fortpflanzung und Kampf zu akzeptieren und sich in die Gemeinschaft einzufügen. Darüber hinaus wird Selbstverwirklichung als egoistisch und volksverratend abgetan. Statt Selbstfindung wird Selbstzucht gefordert. In diesem Kontext betont Giesecke (1981) die Erziehung der HJ als eine zutiefst unpolitische Erziehung, da sie die Ausbildung einer eigenen Persönlichkeit mit eigenständiger politischer Überzeugung und Willen der Jugendlichen vollumfänglich zu verhindern sucht (vgl. ebd., 204). Und hier zeigt sich bei der HDJ eine Tradierung einer organisationalen Kindeswohlgefährdung. Die gezielte Neutralisierung der Jugendphase durch systematische Unterdrückung der altersangemessenen Entwicklungsaufgaben ist nicht mit dem Kindeswohl vereinbar. Die Unterdrückung altersangemessener und individueller Bedürfnisse durch die Unterordnung unter die Vorgaben und

Praktiken der Gemeinschaft und die daraus resultierende Beeinträchtigung der psychischen Entwicklung von Kindern und Jugendlichen (siehe Kapitel 3) wird in der einschlägigen Fachliteratur einhellig als kindeswohlgefährdend eingestuft. Eine gelingende Entwicklung wird an dem Nutzen für die Gemeinschaft gemessen. Bezogen auf die vorangestellten Forschungsfragen lässt sich somit festhalten, dass im Falle der HDJ nicht von Einzelhinweisen oder singulären Befunden von kindeswohlgefährdenden Erziehungselementen, sondern dezidiert von systematischer struktureller Kindeswohlgefährdung ausgegangen werden kann.

Die in Kapitel 4.1. herausgearbeiteten HJ-Erziehungsstrategien wie Ritualisierung, Emotionalisierung und Militarisierung lassen sich auch bei der HDJ nachweisen. Wie in den Kategorien *Wehrhaftmachung* und *Leben als Kampf* deutlich wurde, wurden die Kinder und Jugendlichen durch gewaltförmige Spiele, Einzel- und Gruppenwettkämpfe und Leistungsmärsche körperlich gedrillt. Es ist zudem davon auszugehen, dass der hohe Grad an körperlicher Ertüchtigung zusätzlich die Unterordnung der Kinder und Jugendlichen unter die Befehlsstruktur des Lagers erhöhte. In den Lagerberichten wurden insbesondere die Kampfhandlungen beim Geländespiel als lustvoll und glücksbringend betont. Aufgrund der straffen hierarchischen Vereins- und Lagerstruktur war die Teilnahme daran obligatorisch, durch das affektive Framing der Kampfhandlungen war es auch im Nachgang eines Spieles nicht möglich, sich von der Gewaltförmigkeit zu distanzieren. Die Kinder und Jugendlichen sollten durch die bewusst herbeigeführte Erfahrung von Gewalt abgehärtet werden. Die Geländespiele, Wettkämpfe und Märsche stellen in diesem Sinne die praktische Implementation der in der Kategorien *Leben als Kampf* und *HDJ-Ideale und Tugenden* formulierten soldatischen Tugenden dar, die von den Kindern und Jugendlichen erwartet wurden. Die Hervorhebung der Kameradschaft und die Verpflichtung zum Kampf sollte die HDJ-Mitglieder als Kampfgemeinschaft einschwören. Diese Motive sind strukturell in einem hohen Maß mit Autoritarismus, also der Unterwerfung unter autoritäre Strukturen verbunden. Das Hauptmotiv der Emotionalisierung als Erziehungsstrategie ist nicht die »[…] planmäßige Indoktrination des Bewußtseins, sondern […] die gefühlsmäßige Verankerung des einzelnen in den ›Formationen‹« (Giesecke 1981, 203). Daher kann bei der Erziehung der HDJ in Anlehnung an die HJ von einer Formationserziehung gesprochen werden. Klönne (1982) fasst die Bedeutung der Ritualisierung wie folgt zusammen:

> »Dabei waren es sicherlich weniger die Schulungskurse der HJ, in denen die NS-Weltanschauung in der Regel mehr oder weniger pflichtgemäß und dürftig wiedergegeben wurde, die solche Gesinnung erzeugten, als die starke Ausrichtung der ganzen HJ-Tätigkeit auf Kampfspiele, Wettstreit und Wettbewerb, die die Ideale der Stärke, des ›Siegers‹, des ›Erfolgreichen‹ wirksam vermittelte und dabei zugleich Gefühllosigkeit gegenüber Schwächeren, Minderheiten und Unterlegenen und mithin eine tiefgreifende Inhumanität des Denkens und Fühlens hervorbrachte.« (ebd., 130)

Für die Kinder und Jugendlichen in der HDJ gibt es keine freie Entfaltungsmöglichkeit, ihre Rolle und ihr Platz in der Volksgemeinschaft sind schon durch die Geburt festgelegt. Dies drückt sich auch in rigiden Geschlechterrollenkonstruktionen aus, wie in der Kategorie *Geschlechterrollen* abgebildet wurde. Insbesondere Mädchen und Frauen gelten für die HDJ als empfänglich für die Verheißungen der modernen Gesellschaft. Daher richten sich besonders viele Texte an die weiblichen HDJ-Mitglieder, mahnen sie zur frühen Mutterschaft an und dämonisieren Feminismus, sexuelle und reproduktive Selbstbestimmung sowie die freie Berufswahl. Während auch schon in der HJ und dem BDM rigide Geschlechterrollen propagiert wurden, ist die nachhaltige Implementation dieser für völkisch-neonazistische Jugendorganisationen nach 1945 ungleich aufwendiger. Die HDJ-Mitglieder sind permanent mit der Parallelität der vergleichsweise liberalen und diversen Außenwelt und der rigiden und totalitären Innenwelt der völkischen Gemeinschaft konfrontiert. Bluhm (2015) stellt die eingeschränkten Entwicklungsmöglichkeiten für Mädchen und Frauen in patriarchal-autoritären weltanschaulichen Gemeinschaften dezidiert als mögliche Kindeswohlgefährdung heraus (vgl. Kapitel 3). Um die Verlockungen der Außenwelt zu minimieren, müssen diese systematisch und beständig entwertet werden. Dies wird in den Subkategorien *moderne Gesellschaft*, *Emanzipation* und *Umerziehung* deutlich expliziert. Die Feindbilder dienen der Stabilisierung der völkischen Ideologeme und sollen über die Abwertung anderer sozialer Gruppen die Identifikation mit der Eigengruppe erhöhen. Auch hier ergibt sich eine Gemeinsamkeit zwischen HJ und HDJ. Die Volkskonzeption der HDJ ist absolut und allumfassend (siehe Kategorie *Volkskonzeption*), alle Lebensbereiche werden der Leitmaxime des Volkserhalts untergeordnet. Die ideologische Vereinnahmung von Sport, Musik und Kultur als Bestandteile des völkischen Kampfes entzieht auch diese Sphären der kindlichen und jugendlichen Selbstbestimmung, sodass auch hier ein potenzieller Autonomieraum geschlossen wird. Die richtige Literatur, die richtige Musik, Filme – alles wird in der HDJ angepriesen. Die vermittelte Ideologie ist in ihrem Anspruch absolut und mit einem exklusiven Anspruch auf Wahrheit verbunden. Dies wird auch in dem Narrativ der zu erweckenden deutschen Jugend deutlich (siehe Kategorie *Feindbild moderne Jugend*). Angehörige der Volksgemeinschaft, die noch kein völkisches Bewusstsein entwickelt haben, sollen durch die HDJ erweckt werden. Die Kinder und Jugendlichen der HDJ sollen gewissermaßen missionieren, sie sollen durch ihren Habitus, ihre Kleidung und auch durch konkrete Aktionen die anderen völkisch erwecken. Zu diesem Handeln sind die HDJ-Mitglieder verpflichtet (siehe Kategorie *HDJ-Ideale und Tugenden*). Damit zwingt die HDJ ihre Mitglieder automatisch in eine soziale Außenseiterrolle. Diese wird durch den Rekurs auf die völkische Überlegenheit und den exklusiven Wahrheitsanspruch organisationsintern aufgewertet, dennoch wird auch in den schriftlichen Selbstdarstellungen der HDJ deutlich, dass diese Rolle mit massiven Einbußen im sozialen Leben außerhalb der HDJ verbunden ist. Die Kinder und Jugendlichen werden nicht nur zu spezifischer Kleidung und Sparsamkeit angehalten, sondern auch zum Stören des Unterrichts aufgefordert (siege Kategorie *Leben als Kampf*). Sie sollen bereitwillig schlechte Noten und Schwierigkeiten mit der Schule in Kauf nehmen. Solche Aufforderungen erzeugen einen enormen Druck bei Kindern und Jugendlichen. Sie müssen sich im schulischen Alltag stets zwischen der Loyalität und Verpflichtung gegenüber der HDJ und einem sozial harmonischen Unterrichtsablauf entscheiden. Für die HDJ erfüllt der Zwang der Mitglieder in Außenseiterrollen mehrere Funktionen. Eine hohe soziale Isolation im Sozialraum Schule und allgemein außerhalb der HDJ erhöht den ideologischen Einfluss der HDJ und befördert die Identifikation der Kinder und Jugendlichen mit der HDJ. Nach Wapler (2015) wird in den Schulen »[...] auf einen verfassungsrechtlichen Minimalkonsens hin [gearbeitet], der Integration ermöglicht, aber nicht erzwingt« (ebd., 439). Dieser Minimalkonsens ist für die HDJ bereits Volksverrat und muss bekämpft werden. Insbesondere für Kinder und Jugendliche aus sozial abgegrenzten und von rigiden Wert- und Verhaltenskonzepten geprägten Gemeinschaften kann die Schule einen sozialen Raum eröffnen, in dem plurale und divergierende Prinzipien, Ideologeme und Lebensweisen exploriert werden können. Diese Exploration pluraler Lebens- und Moralentwürfe ist nach Wapler eine Voraussetzung für die Entwicklung zu einer eigenständigen und gesellschaftsfähigen Persönlichkeit, wie in Art. 2 Abs. 1 GG angelegt (vgl. ebd., 440).

> »Eine selbstbestimmte Lebensgestaltung ist aber nur möglich, wenn das Individuum zwischen mehreren Alternativen wählen kann, wenn seine Zukunft nicht ganz und gar von seinen Herkunftsbedingungen determiniert wird [...] Die Schutzwürdigkeit dieses Interesses kann man als *Recht des Kindes auf die Emanzipation von den eigenen Herkunftsbedingungen* [H.i.O.] beschreiben.« (ebd.)

Dieses in der Verfassung angelegte Grundrecht der Kinder wird in der HDJ systematisch unterdrückt. Auch eine positive Beziehung zu Lehrkräften wird in den Texten der HDJ kategorisch ausgeschlossen. Lehrkräfte und Pädagog*innen als soziale Autoritäten außerhalb der HDJ werden ausschließlich antagonistisch dargestellt. Lohaus et al. (2010) stellen Lehrer*innen ab dem Beginn der Grundschulzeit als zunehmend relevante »Quelle selbstbezogenen Wissens« für Kinder heraus (ebd., 173). Durch die systematische Attackierung und Entwertung von Lehrer*innen (siehe Kategorie *Feindbild Umerziehung*) wird der Versuch unternommen, ihren pädagogischen Einfluss zu minimieren.

Neben den systematisch wiederholten Erwartungen, Idealen und Feindbildern ist auch erwähnenswert, was in den Texten der Jugendorganisation HDJ nicht thematisiert wird. So findet sich in der Grundgesamtheit der schriftlichen Selbstdarstellung kein einziger Text, der Auseinandersetzungen oder auch nur Dissens zwischen Eltern und Kindern zum Gegenstand hat. Es ist in dem ideologischen Konstrukt der HDJ nicht denkbar, gegen die Eltern aufzubegehren, ihre Autorität in Frage zu stellen und sich vom Elternhaus zu emanzipieren. Auch hier handelt es sich um die Unterdrückung einer altersspezifischen Entwicklungsaufgabe der Jugendlichen. »Ein entscheidender Faktor, der die Entwicklung des Selbst im Jugendalter prägt, ist die Tatsache, dass Jugendliche sich vom Elternhaus ablösen, ihre Erfahrungsräume selbst wählen und somit das, was sie über sich selbst erfahren, selbst bestimmen.« (Lohaus et al. 2010, 174)

Wie in den Kategorien *Feindbilder*, *Bedrohungsszenarien* und *Leben als Kampf* dargelegt wurde, wurden den Kindern und Jugendlichen in der HDJ fortwährend angsterzeugende Narrative unterbreitet. Immer wieder wurde in den schriftlichen Selbstdarstellungen der Vernichtungswille der Gesellschaft gegenüber der Volksgemeinschaft als abstrakte Bedrohung betont. Auch die konkreten Bedrohungen gegen die HDJ werden wiederholt. Das systematische Erzeugen von Ängsten und die Vermittlung von Bedrohungsszenarien kann, wie in Kapitel 3 anhand der relevanten Fachliteratur dargelegt, als kindeswohlgefährdendes Strukturelement gewertet werden.

Die HDJ beanspruchte innerhalb der neonazistischen Szene eine elitäre Vorbildrolle. Von den Mitgliedern wurde erwartet, sich in führende Positionen einzubringen oder aber sich aktiv abzugrenzen, wie in der Kategorie *Abgrenzung in die neonazistische & bündische Szene* deutlich wird. Organisationen, die ein öffentliches neonazistisches Bekenntnis scheuten, wie bspw. *der Freibund*, wurden als schwach und unwürdig abgetan. Für Kinder und Jugendliche wurde der Anschluss an die Gesellschaft ohnehin massiv erschwert. Eine Integration in die nationalistische und neonazistische Szene war für die Mitglieder zwar möglich, aber mit hohem Anspruch seitens der HDJ verknüpft, was wiederum den sozialen Druck auf die Kinder und Jugendlichen potenziell erhöht haben kann.

In Konklusion kann bei der HDJ von einer strukturell kindeswohlgefährdenden Erziehung ausgegangen werden. In historischer Tradition der HJ wird bei der Formationserziehung der HDJ der Versuch unternommen, eine ganze Entwicklungsphase zu neutralisieren. Dies geschieht idealtypischerweise als Erweiterung der elterlichen Erziehung, als deren Partner sich die HDJ explizit in Stellung bringt. Die HDJ setzt genau in den Altersphasen an, in denen die Gesetzgebung der BRD in verschiedenen (einfachrechtlichen) Regelungen den Kindern zunehmende Mitbestimmung einräumt (siehe Kapitel 2.3.). Ein zunehmender Einbezug der Kinder in alle sie betreffenden Entscheidungen, dabei mit zunehmend dezisivem Charakter, wie er durch Gesetzgebung und Rechtsprechung vorgesehen ist, ist bei der HDJ vollkommen ausgeschlossen. Konträr zu der Grundrechtsposition der Kinder sollen diese vollständig und ohne Widerspruch in die völkische Gemeinschaft integriert werden. Entwicklungsmöglichkeiten sind nur innerhalb des ideologischen Konstrukts und entlang des rigiden Regelwerkes der HDJ vorgesehen. Kinder und Jugendliche in der HDJ werden in eine soziale Außenseiterposition gedrängt. Ihnen wird durch gewaltförmige Erziehungsmethoden und die Vermittlung autoritärer und militaristischer Prinzipien beständig die Pflicht zu gesellschaftlicher Desintegration und Widerstand eingebläut.

Zu der Thematik der Kindeswohlgefährdung im neonazistischen Spektrum in der erziehungswissenschaftlichen Forschung liegen bisher keine systematischen Untersuchungen vor. Das Thema wird als Teilaspekt in erziehungswissenschaftlichen Fachbüchern angesprochen (z.B. Lehnert & Radvan 2016), zumeist aber mit dem Verweis auf die Notwenigkeit der Einzelfalleinschätzung nur kurz behandelt. Als bedeutsam sind in diesem

Kontext zwei Broschüren zu nennen, die das Thema für pädagogisches Fachpersonal aufbereiten und Handlungsempfehlungen geben. Die Broschüre »Ene, mene, muh – und raus bist du! Ungleichwertigkeit und frühkindliche Pädagogik« der *Amadeu Antonio Stiftung* wurde 2018 veröffentlicht und richtet sich primär an Mitarbeitende in der Kindertagesbetreuung. Anhand von Fallbeispielen, die aus dem praktischen Alltag pädagogischer Fachkräfte entlehnt wurden, werden spezifische Problemlagen im Umgang mit Kindern eröffnet, die mit rechten Ideologien der Ungleichwertigkeit zuhause erzogen werden. Als Handlungsempfehlungen werden Strategien vorgestellt, welche an Demokratiepädagogik und einer antirassistischen und vorurteilsbewussten Erziehung orientiert sind. Kindeswohlgefährdung wird in der Broschüre nach der genannten juristischen Einschätzung von Lang (2010) kurz eingeordnet (vgl. ebd., 16). Im Oktober 2020 veröffentlichte die *Fachstelle Rechtsextremismus und Familie* des Lidicehaus gGmbH die Broschüre »Funktionalisierte Kinder – Kindeswohlgefährdung in Neonazifamilien – eine Hilfestellung für Fachkräfte in den Bereichen Recht und (Sozial-)Pädagogik«. In übersichtlicher und systematischer Weise erarbeitet der Autor Andreas Hechler, wie auch in der vorliegenden Arbeit geschehen, anhand der von Lang (2010) benannten Referenzgruppe der religiösen und weltanschaulichen Gemeinschaften mögliche kindeswohlgefährdende Erziehungsmethoden und -ziele heraus, die für Neonazifamilien relevant sein können, und ordnet diese in verschiedene neonazistische Ideologeme ein. Im Anschluss liefert Hechler Hinweise für Handlungsmöglichkeiten und auch -notwendigkeiten sowohl für pädagogische Fachkräfte als auch für Jurist*innen. Die Lektüre beider genannter Broschüren sei an dieser Stelle Fachkräften in pädagogischer Praxis und Forschung ausdrücklich empfohlen. Systematische empirische Untersuchungen zu dem Themenfeld sind zum jetzigen Zeitpunkt nicht bekannt. Die vorliegende Arbeit leistet somit einen relevanten Beitrag zur Schließung der postulierten Forschungslücke.

Dadurch, dass bisher keine vergleichbaren wissenschaftlichen Publikationen zu dieser spezifischen Thematik verfügbar sind, mussten in der vorliegenden Arbeit die relevanten Grundlagen zunächst erarbeitet werden. Die Anwendung der ursprünglich für verbale Daten konzipierten Methode der inhaltlich strukturierten qualitativen Inhaltsanalyse (siehe Kapitel 5) auf die schriftlichen Selbstdarstellungen der HDJ erforderte eine ausführliche Beschreibung des methodischen Vorgehens, um so eine kritische Überprüfbarkeit der Methode und auch Reliabilität zu gewährleisten. Der Umfang der

Arbeit wird daher nicht als exzessiv, sondern als notwendig erachtet. Der gravierende Unterschied zwischen den genannten Broschüren und der vorliegenden Arbeit liegt in der Konkretisierung und Systematisierung bisher nur theoretisch diskutierter spezifischer Aspekte von Kindeswohlgefährdung in der völkisch-neonazistischen Szene anhand schriftlicher Primärquellen. So wird hier eine konkrete Beurteilung der Sachlage über die allein theoretische Explikation hinaus ermöglicht.

Die vorliegende Arbeit bietet verschiedene Anknüpfungspunkte für zukünftige Forschung. Als hochrelevant wird aus Autorinnenperspektive die Untersuchung der Frage nach dem Effekt der gewaltförmigen Erziehung bei der HDJ angesehen. Wie Bluhm (2015) herausstellt, können feststehende und als zu bekämpfend deklarierte Feindbilder sowie rigide Denkmuster eine gewaltbefördernde Erziehungswirkung gegen Außenstehende zur Folge haben (siehe Kapitel 3). Hechler (2020) betont: »Übernehmen Kinder aus neonazistischen Elternhäusern Ideologie wie Verhaltensweisen ihrer Eltern, können auch sie zu denjenigen werden, die das Wohl anderer Kinder (und sogar das von Erwachsenen) gefährden.« (ebd., 43) Es gibt diverse Berichte über gewalttätige Übergriffe durch HDJ-Mitglieder. Die Aussteigerin Heidi Benneckenstein (2017) beschreibt beispielsweise ihre offensive Beteiligung an einem schweren gewaltsamen Angriff auf einen antifaschistischen Fotografen 2008 (vgl. ebd., 189f.). 2019 kommt es im ostwestfälischen Fromhausen zu einem schweren Übergriff durch ehemalige Mitglieder der HDJ auf einen Nachbarn, der sich wiederholt kritisch gegen die HDJ positioniert hatte. Bei den Angreifer*innen handelte es sich um Andreas H., einen der Organisatoren des HDJ-Lagers 2006 in Fromhausen, sowie seinen damals 17-jährigen Sohn. Zwei weitere Söhne und die Verlobte des älteren Sohnes waren bei dem Angriff zugegen. Alle waren Mitglied der HDJ.[17] Dies sind nur zwei Beispiele in einer Reihe von Medienberichten über Gewalttaten durch HDJ-Mitglieder. Devianz und Delinquenz, die aus dieser anerzogenen Gesinnung heraus entsteht und unter Umständen sogar befördert wird, entzieht sich sowohl in pädagogischer Praxis als auch in der Forschung einem Zugriff. Jugenddelinquenz als gewolltes Produkt einer Militanz fördernden Erziehung zur Wehrhaftigkeit widerspricht der gängigen pädagogischen Annahme, Jugenddelinquenz sei transitorisch und eher spontan und gruppenbezogen.

17 Siehe dazu Röpke 2020

Ein weiterer Anknüpfungspunkt für zukünftige Forschung liegt in der Untersuchung möglicher HDJ-Nachfolgestrukturen. Insbesondere der *Sturmvogel* und der *Freibund* drängen sich hier als Jugendorganisationen auf (siehe Kapitel 1.2.). Die in der vorliegenden Arbeit modifizierte Form der inhaltlich strukturierten qualitativen Inhaltsanalyse kann auch hier anhand schriftlicher Selbstdarstellungen als Primärquellen Hinweise zu der Beschaffenheit der organisationalen Erziehung liefern.

7. Fazit

Nach offiziellen Zahlen der Bundesregierung leben in Deutschland derzeit über 33.000 Menschen, die dem neonazistischen Spektrum zuzurechnen sind. Davon gelten über 13.000 als gewaltbereit.[18] Seit 1952 werden in Deutschland Kinder und Jugendliche in völkisch-nationalistischen und neonazistischen Jugendbünden ideologisch sozialisiert. Dennoch ist das Thema Neonazismus im Bereich Kinderschutz als möglicher Risikofaktor für die kindliche Entwicklung nach wie vor unterrepräsentiert. Die deutsche Kleinfamilie ist bis heute der normative Leithorizont für wohlfahrtsstaatliche Adressierungen, und es bestehen nach wie vor große Vorbehalte in der Gesellschaft, sich mit dem Gedanken anzufreunden, dass völkische und nationalistische Ideologien für die kindliche Entwicklung potenziell schädigend sein können. Als die *Amadeu Antonio Stiftung* 2018 ihre Broschüre »Ene, mene, muh – und raus bist du! Ungleichwertigkeit und frühkindliche Pädagogik« veröffentlichte, breitete sich eine Welle der Entrüstung in der Boulevardpresse und der nationalkonservativen politischen Szene aus. Die Bild-Zeitung und ähnliche Zeitungsmedien witterten linke Gesinnungsschnüffelei.[19] Der damalige Jugendstadtrat von Berlin, Falko Liecke behauptete, die Broschüre rege »zur Bespitzelung ganzer Familien an«, und riet öffentlich von der Lektüre und Verbreitung der Broschüre ab (vgl. Haarbach 2018). Lieckes Pressemitteilung war eine Entrüstungskampagne der AfD in den sozialen Medien vorausgegangen. Schon die bloße Thematisierung möglicher belastender Sozialisationsbedingungen von Kindern aus nationalistischen und neonazistischen Familien löst in Teilen der Gesellschaft Abwehrreflexe aus, da ein Generalverdacht für die ordentliche deutsche Familie befürchtet wird. Die gleichen Teile der Gesellschaft, die bei dem Thema ›rechte Kindeswohlgefährdung‹ auf die Barrikaden gehen, fordern bei anderen gesellschaftlichen Subgruppen wie fundamentalistischen Muslim*innen, minderjährigen Müttern oder gleichgeschlechtlichen Paaren mit Kinderwunsch ganz offen die Evokation des staatlichen Wächteramtes.

Soziale Arbeit ist in der Praxis auch ein Spiegelbild der Gesellschaft und trägt durch Adressierungspraxis und fachliche Auseinandersetzung

18 Siehe dazu: Suhr 2021.

19 Siehe dazu: Rafael 2019.

(potenziell) sowohl zur Dekonstruktion als auch zur Reproduktion von Stereotypen bei. Dabei muss sie Erkenntnisse aus der Forschung der Praxis zugrunde legen. Die pädagogischen Implikationen von Neonazismus und anderen Ideologien der Ungleichwertigkeit müssen zum Gegenstand fachlicher Auseinandersetzung werden. Dies kann über gezielte Fortbildungen für Fachkräfte zum Thema Neonazismus und Kindeswohl erfolgen. Hier ist eine leicht steigende Tendenz zu beobachten[20]. Darüber hinaus sollte das Thema in die Curricula an Universitäten und Fachhochschulen aufgenommen werden. Wichtig ist hier auch die begriffliche und fachsprachliche Genauigkeit in der wissenschaftlichen Auseinandersetzung, um so auch den Gegenstand systematisch erfassen und darstellen zu können (siehe Kapitel 1.1.). Erziehungswissenschaftliche Forschung sollte sich nicht allein von der praktischen Arbeit im Feld oder dem Zugang zu Aussteiger*innen abhängig machen, sondern – wie in der vorliegenden Arbeit geschehen - auch andere Primärquellen relevanter neonazistischer Gruppierungen, Gemeinschaften und Organisationen nutzen. Auch die sequenzielle Fotoanalyse wie von Sigl (2018) als Auswertungsmethode angewendet, bietet einen vielversprechenden Zugang zu der Materie.

Wie in der vorliegenden Arbeit gezeigt werden konnte, kann im Fall der HDJ davon ausgegangen werden, dass dort strukturell und systematisch die Grundrechte der Kinder verletzt und das Kindeswohl gefährdet wurde. Aufgrund des absoluten Anspruchs der völkischen Ideologie der HDJ und der hohen sozialen Eingebundenheit ganzer Familienverbände in diese Szene war ein Ausstieg für Mitglieder kaum möglich. Dieser Befund lässt sich für das völkisch-neonazistische Spektrum der in der HDJ organisierten Sippen bis heute festhalten. Es besteht eine wahrnehmbare Tendenz in diesem Spektrum, die Kinder nicht auf staatliche Schulen, sondern sogenannte freie Schulen und insbesondere Waldorfschulen zu schicken, um so den staatlich-demokratischen Einfluss zu minimieren. Auch für viele Kinder der HDJ trifft dies zu. Tanja Privenau schickte ihre Tochter auf eine Waldorfschule[21], die Kinder von Andreas H. besuchten bis zum Bekanntwerden des geschilderten gewaltsamen Übergriffs eine Waldorfschule in Ostwestfalen (vgl. Röpke & Speit 2019, 73). Die Liste ließe sich fortsetzen. Nicht selten

20 Siehe dazu z.B.: https://ajs.nrw/veranstaltung/handlung-sicher/ (Abruf: 29.06.2021).

21 Siehe dazu: Der Spiegel 1998. »Risse in der Seele«.

bringen sich auch neonazistische Pädagog*innen in diesen Schulen ein[22]. So können diese Schulformen für Eltern aus der völkisch-nationalistischen und neonazistischen Szene einen institutionellen Schutzraum im Kontrast zum staatlichen Schulsystem bilden. In einzelnen Fällen kann von einer regelrechten neonazistischen Unterwanderung gesprochen werden, wie jüngst der Fall der früheren Waldorfschule und heutigen *Freien Schule am Elsengrund* (Berlin) deutlich machte[23]. Auch hier braucht es pädagogische und fachliche Kompetenz der Fachkräfte an den Schulen, aber auch der zuständigen Jugendämter und Schulaufsichtsbehörden, um solche Tendenzen frühzeitig zu erkennen und ihnen entgegen zu wirken.

Kinder und Jugendliche, die aus dieser Szene aussteigen möchten, haben bisher kaum Möglichkeit, im Rahmen der Kinder- und Jugendhilfe Unterstützung zu finden. Einzig der in § 8 Abs. 3 SGB VIII verankerte elternunabhängige Beratungsanspruch von Kindern und Jugendlichen stellt hier einen institutionellen Rahmen. Alle darüber hinausreichenden Hilfs- und Unterstützungsmaßnahmen sind nur mit Kenntnis und Einverständnis der Eltern einzuleiten oder aber gegen den Willen der Eltern nach Feststellung einer Kindeswohlgefährdung. »So besteht aufgrund mangelnder eigener Ansprüche immer der Zwang, eine Kindeswohlgefährdung seitens des Familiengerichts feststellen lassen zu müssen.« (Lang 2010, 49). Für Kinder und Jugendliche, die sich aus dieser Szene lösen wollen, bestehen neben den bereits geschilderten innerfamilialen und innerszenischen sozialen Hürden auch institutionelle Barrieren. Lang (2010) stellt in diesem Zusammenhang heraus:

> »Gesetzlicher Handlungsbedarf besteht vielmehr in der Ausgestaltung eigener Rechtsansprüche von Minderjährigen, die sich aus ihren völkischen Familien lösen möchten. So wären neben einem bloßen Beratungsangebot sowie den kurzfristigen In-Obhutnahmen [sic!] Maßnahmen zur Hilfe und Betreuung notwendig, auf welche die Minderjährigen gemessen an ihrem Reifegrad einen eigenen Rechtsanspruch haben.« (ebd., 50)

Für Aussteiger*innen aus der völkisch-neonazistischen Szene besteht ein erhöhtes Risiko der Verfolgung, Bedrohung und körperlichen Verletzung durch ehemalige Kamerad*innen, wie das Beispiel Tanja Privenau eindringlich zeigt (z.B. Förster 2016). Ausstiegs-Organisationen müssen hier be-

22 Siehe dazu: Bierl 2015.

23 Siehe dazu: Fröhlich 2021.

sondere Konzepte für den Schutz und die Unterstützung insbesondere von Kindern und Jugendlichen entwickeln, wenn diese entweder selbst oder mit einem Elternteil wie im Fall Privenau aus der völkisch-neonazistischen Szene aussteigen. Geschieht dies nicht, sind durch diesen institutionellen Missstand weitere kindeswohlgefährdende Elemente während des Ausstiegs zu befürchten (vgl. Tonn 2013, 176f.).

Die Arbeit der HDJ wird teilweise in anderen Jugendbünden fortgesetzt. Nahezu alle Familien, die in der HDJ organisiert waren, sind nach wie vor Teil der neonazistischen und völkisch-nationalistischen Szene. Mehrere Mitglieder der HDJ sind mittlerweile bei der AfD organisiert, wie zum Beispiel Andreas Kalbitz[24] oder der zeitweilige HDJ-Bundesführer Laurens Nothdurft[25]. Auch wenn mehr oder minder große Teile der völkisch-nationalistischen Ideologie bis in die bürgerliche Mitte anschlussfähig sind, sind die Erziehungsprinzipien und -ziele nicht mit dem kindlichen Recht auf die Entwicklung zu einer eigenständigen und gemeinschaftsfähigen Person in Einklang zu bringen. Die möglichen kindeswohlgefährdenden Strukturmerkmale dieser Ideologien ernst zu nehmen bedeutet in keinem Fall, eine Inobhutnahme aller Kinder dieser Familien zu fordern. Es geht vielmehr um den Beginn einer breiten fachlichen Auseinandersetzung mit dem Thema und um die Entwicklung spezifischer Konzepte für Kinder und Jugendliche aus dieser Szene. Im Falle der HDJ und möglicher Nachfolgeorganisationen ist die Soziale Arbeit aufgefordert, eine klare fachliche Haltung einzunehmen und auch öffentlich zu vertreten. Sollen Fachkräfte dazu in die Lage versetzt werden, so ist eine enge Zusammenarbeit zwischen Forschung und Praxis dringend notwendig.

24 Siehe dazu: Süddeutsche Zeitung 2020.

25 Siehe dazu: https://www.kontextwochenzeitung.de/politik/452/rechte-in-der-zweiten-reihe-6356.html (Abruf: 15.06.2021).

8. Dank

Wissenschaftliches Arbeiten zu dem Themenbereich Neonazismus geschieht nicht in einem luftleeren Raum. Die wissenschaftliche Auseinandersetzung wird durch die unermüdliche Arbeit derjenigen, die sich in antifaschistischen Initiativen, Vereinen und Gruppen oder als Fachjournalist*innen in der Recherche zu Neonazismus betätigen, überhaupt erst möglich. Durch diese Recherchen werden Gruppierungen, Netzwerke und ideologische Strömungen aufgedeckt und der (fachwissenschaftlichen) Öffentlichkeit zugänglich gemacht. Dabei finden diese Recherchen oftmals unter enormen Risiken, wie der Gefahr körperlicher Angriffe, Bedrohungen und auch staatlicher Repression statt. Mein Dank gilt diesen unermüdlich Recherchierenden. Besonderer Dank gilt außerdem dem *Verein Argumente und Kultur gegen Rechts e.V.*, dessen fachkompetente und konstruktive Unterstützung von unschätzbarem Wert für die vorliegende Arbeit war. Auch dem *Duisburger Institut für Sprach- und Sozialforschung* möchte ich danken für die wertschätzende Betreuung und die Möglichkeit zur Publikation dieser Arbeit. Und nicht zuletzt danke ich meinen beiden Liebsten für ihre Geduld, ihren Humor und ihre klare Haltung in allem, was zählt.

9. Quellen und Literatur

9.1. Primärquellen

Funkenflug (Vereinszeitschrift der HDJ)

Abteilung Beschaffung 2006a. Ausrüstung, in: Funkenflug (2/2006), 2.

Abteilung Beschaffung 2006b. Bekleidung, in: Funkenflug (2/2006), 2.

Alf 2006. Einheitstreffen der Einheit Widukind, in: Funkenflug (2/2006), 18.

Alf 2007. Jugend baut sich neue Welten, in: Funkenflug (2/2007), 18.

Andreas 2008. Alles Große ist durch Treue gewonnen, in: Funkenflug (4/2008), 22.

Andrew 2007. Globalisierung, in: Funkenflug (3/2007), 4.

Anita 2007. Liebe ist nicht, was einmal war, sondern was ist, in: Funkenflug (4/2007), 15.

Anita 2008. Hauptsache irgendwas mit Wirtschaft, in: Funkenflug (2/2008), 11.

Anke 2004. Führen und Folgen als Grundpfeiler der Jugendbewegung, in: Funkenflug (4/2004), 17.

Anke 2005. Von Kleidung, Schminke und anderem... In: Funkenflug (3/2005), 12-13.

Annika 2007. Bundesosterlager für Jüngere – Erster interaktiver Lagerbericht, in: Funkenflug (2/2007), 19.

Antje, 7 Kinder 2007a. Kinderreichtum – Segen oder Plage? In: Funkenflug (2/2007), 15.

Antje, 7 Kinder 2007b. Kinderreichtum – Segen oder Plage? Teil 2: ... Eltern sein dagegen sehr?! In: Funkenflug (3/2007), 15.

Bundesführung der HDJ 2007. Aufgelöst, in: Funkenflug (2/2007), 17.

Bundesmädelführerin 2006. Heil Dir, in: Funkenflug (1/2006), 6.

Christine 2003. Erlebnisse von Hagen Heimattreu – Die Schlacht im Lindenwald, in: Funkenflug (3/2003), 6-7.

Daniela 2008. Osterlager Leitstelle Süd – Ostereier im Schnee, in: Funkenflug (2/2008), 17.

Denis 2006. Glaube – Wille – Kampf, in: Funkenflug (2/2006), 19.

Doris 2008. Grimms Grams oder: »Das Märchen vom süßen Brei« modernisiert »der anatolische Döner«, in: Funkenflug (1/2008), 11.

EH [Einheit, d.V.] Hermannsland 2008. Sonniges Herbstlager in Niedersachsen in: Funkenflug (4/2008), 20.

Einheit Hermannsland 2005. »Deutsche Einigkeit – meine Stärke, meine Stärke – Deutschlands Macht«, in: Funkenflug (2/2005), 13.

Elke 2005. Die auch im Regen tanzen, in: Funkenflug (2/2005), 18-19.

Elke 2007. Journalismus, in: Funkenflug (2/2007), 13.

Elke, 20, 2004. Was soll aus DIR bloß werden?! In: Funkenflug (2/2004), 10.

Eric 2003. Erntedank im Volksbrauch, in: Funkenflug (3/2003), 5.

Eric 2005. Was ist eigentlich Kultur? In: Funkenflug (2/2005), 8.

Eric 2006/2007. Volkheit, in: Funkenflug (4/2006 & 1/2007, kombinierte Ausgabe), 17.

Eric 2008. Das Nibelungenlied, in: Funkenflug (1/2008), 16.

Eugen 2005. Zur Gesellschaft, in: Funkenflug (3/2005), 7.
Eugen 2006. Wehrdienst ist Ehrendienst am Volke, in: Funkenflug (3/2006), 12-13.
Felix 2001. Der letzte Kampf – Berlin 1945, in: Funkenflug (1/2001), 8-9.
Frank 2006. Du...Ein Kleiderschrank auf zwei Beinen?! In: Funkenflug (2/2006), 8.
Friedrich 2005. Gedenken an die Dresdener Bombennächte, in: Funkenflug (1/2005), 10.
Hartmut 2006. Dem Leben dienen, in: Funkenflug (2/2006), 14.
HDJ-Bayern 2005. HDJ in Bayern, in: Funkenflug (4/2005), 22.
Heike 2008. Seefahrt tut Not, in: Funkenflug (3/2008), 19.
Holger 2009. Moin... Wir suchen Männer von Wert – bist Du einer? Eine Absage an die Sprücheklopfer und Pantoffelhelden aus unseren Reihen, in: Funkenflug (1/2009), 4-5.
Holle 2006. Achtung – Musik!!! In: Funkenflug (2/2006), 7.
Holle 2006/2007. Vorsicht Frau! In: Funkenflug (4/2006 & 1/2007, kombinierte Ausgabe), 27.
Jörg 2004a. Vom Wert des Wertens, in: Funkenflug (1/2004), 7.
Jörg 2004b. Innere Haltung unserer Gemeinschaft, in: Funkenflug (3/2004), 6-7.
Jörg 2004c. STURM IN DIE HERZEN, in: Funkenflug (4/2004), 13.
Jugend der Einheit Mecklenburg und Pommern 2006. Unser erstes Lager, in: Funkenflug (2/2006), 20.
Jung, Bringfriede 2005. Er mich sehr gefreut der Artikel in der Winterausgabe 2004 des Funkenflug. Warum wohl? In: Funkenflug (2/2005), 15-16.
Laurens 2003. Ehrenmitgliedschaft für Lisbeth und Erhard Grolitsch, in: Funkenflug (3/2003), 10.
Martin 2005. Schlimmer geht's immer! In: Funkenflug (4/2005), 7.
Martin 2007. Tanzen für Deutschland, in: Funkenflug (3/2007), 20.
Michael 2001. Einheit Franken – Maiabenteuer im Nordschwarzwald, in: Funkenflug (1/2001), 11-12.
Michael 2003. Die betrogene Generation, in: Funkenflug (3/2003), 3.
Michael 2004a. Wie siehst DU denn aus? In: Funkenflug (1/2004), 6.
Michael 2004b. Glück auf, Glück auf! Unser Sommerlager im Erzgebirge, in: Funkenflug (3/2004), 15.
Michael 2004. Hagens Kampf gegen den Drachen, in: Funkenflug (4/2004), 6.
Michael 2005a. Backe, backe Kuchen, in: Funkenflug (1/2005), 17.
Michael 2005b. Seminar und Bundesjugendtag, in: Funkenflug (4/2005), 20.
Michael 2006a. Fußball ist wie das Leben, in: Funkenflug (2/2006), 10-11.
Michael 2006b. Mut fassen! Anpacken! In: Funkenflug (3/2006), 4.
Michael, 24, 2004a. Der kleine Unterschied. Über das schwierige Verhältnis konservativbündischer Gruppen zu uns, in: Funkenflug (2/2004), 4.
Michael, 24, 2004b. Viel leisten – wenig hervortreten. Mehr Sein als Scheinen! In: Funkenflug (2/2004), 7.
O.A. 2000a. Die Tugend – ein altes, germanisches Wort, in: Funkenflug (2/2000), 2-3.

O.A. 2000b. Fußball ist wie das Leben (oder: Der Fußball und die Fantastischen Vier), in: Funkenflug (2/2000), 7-8.

O.A. 2000c. Hans Ulrich Rudel – Tapferer deutscher Soldat, in: Funkenflug (2/2000), 8-9.

O.A. 2001a. Neuanfang des Freundes- und Familienkreis der HDJ – Der Gedanke legt den Grund für die Tat, in: Funkenflug (1/2001), 6.

O.A. 2001b. Dein Volk bist Du! In: Funkenflug (1/2001), 10.

O.A. 2002a. Glaube und Haltung im neuen Deutschland, in: Funkenflug (1/2002), 3.

O.A. 2002b. Erlebnisse von Hagen Heimattreu – Das Geburtstagsgeschenk, in: Funkenflug (1/2002), 4-5.

O.A. 2003. Hallo Mädchen! In: Funkenflug (3/2003), 4.

O.A. 2004a. Heimat wir bleiben dir treu! In: Funkenflug (1/2004), 4.

O.A. 2004b. HDJ-Neuigkeiten, in: Funkenflug (2/2004), 13.

O.A. 2004c. HDJ-Neuigkeiten, in: Funkenflug (3/2004), 16.

O.A 2004d. Die Bismarck-Filme, in: Funkenflug (4/2004), 10.

O.A. 2005a. Poc geht um! Poc steht für »Pack ohne Charakter«, in: Funkenflug (1/2005), 5.

O.A. 2005b. HDJ – wir treten an! In: Funkenflug (3/2005), 17.

O.A. 2005c. Das gute Buch: Churchills Friedensfalle, in: Funkenflug (4/2005), 7.

O.A. 2005d. Zur Geburt ihrer Kinder gratulieren wir den stolzen Eltern! In: Funkenflug (4/2005), 21.

O.A. 2006a. Das gute Buch: Buch der Tapferkeit (Erich Kern), in: Funkenflug (1/2006), 7.

O.A. 2006b. Zettelwand: Suche Lebenspartner, in: Funkenflug (3/2006), 21.

O.A. 2007a. Das gute Buch- Erich Glagau – Müssen Kinder so heißen? In: Funkenflug (2/2007), 7.

O.A. 2007b. Poc – Logik, in: Funkenflug (3/2007), 6.

O.A. 2008a. Poc immer frecher! In: Funkenflug (1/2008), 4.

O.A. 2008b. ER – So einen kennt jeder!!! In: Funkenflug (1/2008), 8.

O.A. 2008c. Georg v. Wilamowitz-Moellendorf (1893 -1943) – Biographie eines »Höllenmaschinen« – Attentäters und gesprengten U-Boot-Kommandanten, in: Funkenflug (1/2008), 12.

O.A. 2008d. Geschichtsstunde mit Hagen Heimattreu. Teil 1: Hagens Klasse und die vermeintlichen Anschläge auf das World Trade Center, in: Funkenflug (1/2008), 14-15.

O.A.2008e. Poc sahnt ab, in: Funkenflug (2/2008), 4.

O.A. 2008f. Ein Bekenntnis, in: Funkenflug (2/2008), 22.

O.A. 2008g. Poc zweifelt? In: Funkenflug (3/2008), 4.

O.A. 2008h. Anzeige »Werde Vater«, in: Funkenflug (3/2008), 20.

O.A. 2008i. Hagen Heimattreu und der Aufsatz zum Thema »Demokratie in der Bundesrepublik Deutschland«, in: Funkenflug (4/2008), 7.

O.A. 2009. ALARM auf dem Märkischen Kulturtag! In: Funkenflug (1/2009), 12.

Paul 2005a. Kultur und Gemeinschaft, in: Funkenflug (1/2005), 7.

Paul 2005b. Wo stehen wir? Ein Blick auf historische Landkarten, in: Funkenflug (2/2005), 12.

Paul 2005c. Nationales Denken und Handeln in der Schule, in: Funkenflug (4/2005), 14-15.

Petra 2001. »Erkenne dich selbst, bilde dich, und dann wirke zum Wohle der Gemeinschaft.« In: Funkenflug (1/2001), 3-4.

Petra 2004. Was ist Emanzipation? In: Funkenflug (4/2004), 11-12.

Philipp 2008. Bundeswinterlager 2007/2008 – Lagerbericht 1, in: Funkenflug (1/2008), 18.

Ragnar 2006. Jugendbewegung – woher und wohin? In: Funkenflug (1/2006), 16-17.

Ragnar 2007. Männer! In: Funkenflug (4/2007), 7.

Ragnar 2008. Krieg & Frieden, in: Funkenflug (3/2008), 7.

Räbiger, Sebastian 2005a. Liebe Leser, in: Funkenflug (1/2005), 3.

Räbiger, Sebastian 2005b. Liebe Leser, in: Funkenflug (2/2005), 3.

Räbiger, Sebastian 2006a. Liebe Leser, in: Funkenflug (2/2006), 3.

Räbiger, Sebastian 2006b. Liebe Leser, in: Funkenflug (3/2006), 3.

Räbiger, Sebastian 2007. Liebe Leser, in: Funkenflug (4/2007), 3.

Räbiger, Sebastian 2008a. Liebe Leser, in: Funkenflug (2/2008), 3.

Räbiger, Sebastian 2008b. Liebe Leser, in: Funkenflug (4/2008), 3.

Räbiger, Sebastian 2009. Liebe Leser, in: Funkenflug (1/2009), 3.

Robert 2008. »Hoch bitte.« – »Fertig?« – »Los!« In: Funkenflug (2/2008), 6-7.

Scholz, Alexander 2000a. Liebe Kameraden, in: Funkenflug (2/2000), 2.

Scholz, Alexander 2000b. Volkstum und Brauchtum, in: Funkenflug (2/2000), 3.

Scholz, Alexander 2002. 25. Gästewoche.25 Jahre Kampf um die Freiheit und Selbstbestimmung unseres Volkes und den Menschen unserer Art, in: Funkenflug (1/2002), 8-9.

Sebastian, 29, 2004. Achtung, Achtung! In: Funkenflug (2/2004), 6.

Sebastian, 2005a. Hat Handwerk noch goldenen Boden? In: Funkenflug (1/2005), 4.

Sebastian 2005b. Der Freiheit eine Gasse! In: Funkenflug (1/2005), 17.

Sebastian 2005c. Treu bleiben! In: Funkenflug (2/2005), 7.

Sebastian 2005d. Das Zünglein an der Waage, in: Funkenflug (3/2005), 12.

Sebastian 2005e. Sturmjugend, in: Funkenflug (4/2005), 13.

Sebastian 2006a. »Wenn die Guten nicht kämpfen, siegen die Schlechten!« In: Funkenflug (1/2006), 17.

Sebastian 2006b. Toleranz ... ist ein Begriff für Feige, Schwache und Menschen ohne wirkliche Überzeugung, in: Funkenflug (2/2006), 4.

Sebastian 2007a. HDJ – Verbot? Ihr könnt uns mal! In: Funkenflug (2/2007), 17.

Sebastian 2007b. Hurra! Wir sind in der Mitte der BRD angekommen! In: Funkenflug (4/2007), 5.

Stefan 2008. Die Morgenfeier, in: Funkenflug (1/2008), 22.

Stephan 2009. Einheitstreffen in der Pfalz, in: Funkenflug (1/2009), 19.

Steve 2008. Bundeswinterlager 2007/2008 - Lagerbericht 2, in: Funkenflug (1/2008), 19.

Tobias 2006. Hagen auf Weltfahrt, in: Funkenflug (3/2006), 10-11.

Toni 2008. Kampf und Selbstbehauptung im täglichen Leben! In: Funkenflug (4/2008), 7.

Torsten 2007. Ein gesunder Geist in einem gesunden Körper, in: Funkenflug (4/2007), 14.

Unser Leben (Jahreskalender der HDJ)

Bundesführung 2000. Liebe Kameradinnen und Kameraden, liebe Freunde und Förderer! In: Die Heimattreue Jugend e.V., Bundesführung (Hg.). Unser Leben 2000, 2.

HDJ – Abteilung Kultur und Bildung 2004. Ausdruck unseres Seins und Wollens, in: Die Heimattreue Jugend e.V., Bundesführung (Hg.). Unser Leben 2004, 4.

Kalenderredaktion 2006. Liebe Kalenderfreunde, in: Die Heimattreue Jugend e.V., Bundesführung (Hg.). Unser Leben 2006, 2.

Mary 2009. Heldengedenken, in: Die Heimattreue Jugend e.V., Bundesführung (Hg.). Unser Leben 2009, 26.

O.A 2000a. Volkstreu ins neue Jahrtausend Wir über uns, in: Die Heimattreue Jugend e.V., Bundesführung (Hg.). Unser Leben 2000, 6.

O.A 2000b. Verzicht bleibt Verrat, in: Die Heimattreue Jugend e.V., Bundesführung (Hg.). Unser Leben 2000, 14.

O.A. 2004. Fahnensprüche, in: Die Heimattreue Jugend e.V., Bundesführung (Hg.). Unser Leben 2004, 10.

O.A. 2006. Am Weihnachtsabend, in: Die Heimattreue Jugend e.V., Bundesführung (Hg.). Unser Leben 2006, 27.

O.A. 2009. Tischspruchbuch, in: Die Heimattreue Jugend e.V., Bundesführung (Hg.). Unser Leben 2009, 19.

Ragnar 2006. Über die Grundlagen des Charakters, in: Die Heimattreue Jugend e.V., Bundesführung (Hg.). Unser Leben 2006, 19.

Sebastian 2004. Kameradschaft, in: Die Heimattreue Jugend e.V., Bundesführung (Hg.). Unser Leben 2004, 24.

Sebastian (16) 2000. Wie die Lützower Jäger Napoleons Truppen einheizten oder: ein Geländespiel am Neujahrstag, in: Die Heimattreue Jugend e.V., Bundesführung (Hg.). Unser Leben 2000, 25.

→ weitere Primärquellen

Heimattreue Deutsche Jugend e.V. Die Bundesführung (Hg.) (Jahr unbekannt). Wegweiser Heft 1 – Weltanschauliche Feiern, 3.

Satzung Heimattreue Deutsche Jugend (HDJ) e.V. (Stand 28.12.2001)

Schutzbund für das Deutsche Volk (SDV e.V.) 2009. Fragen an ein früheres HDJ-Führungsmitglied, via: http://www.schutzbund.de/interview_ex_hdj.htm (Abruf: 11.06.2021)

Werbevideo der HDJ, Datum nicht rekonstruierbar, Dauer 02:42 Minuten

Website www.heimattreuejugend.de (rekonstruiert über web.archive.org) https://web.archive.org/web/20010302043415/http://www.heimattreue-jugend.de/ (Abruf 16.05.2021)

https://web.archive.org/web/20070712130258/http://www.heimattreue-jugend.de/index.php?sek=hdj&mod=artikel&id=20201&pfad_id=12 (Abruf 16.05.2021)

9.2. Sekundärquellen und Literatur

Adam, Jan 2007. Droht der Heimattreuen Deutschen Jugend das Verbot? Bei: Endstation Rechts, Via: https://www.endstation-rechts.de/news/droht-der-heimattreuen-deutschen-jugend-das-verbot.html (Abruf: 16.05.2021).

Amadeu Antonio Stiftung (Hg.) 2018. Ene, mene, muh – und raus bist du! Ungleichwertigkeit und frühkindliche Pädagogik, Berlin.

Benneckenstein, Heidi 2017. Ein deutsches Mädchen. Mein Leben in einer Neonazi-Familie, Stuttgart.

Bierl, Peter 2015. Waldorfschulen auf Rechtskurs, in: der rechte rand 156 September / Oktober 2015, via: https://www.der-rechte-rand.de/archive/7330/waldorfschulen-rechtskurs/ (Abruf: 01.07.2021).

Bitzan, Renate (Hg.) 1997. Rechte Frauen. Skingirls, Walküren und feine Damen, Berlin.

Botsch, Gideon 2007. Vorwort: Jugendarbeit und »Nationale Opposition« – Zur historischen Einordnung der HDJ, in: Röpke, Andrea 2007. Ferien im Führerbunker. Die neonazistische Kindererziehung der »Heimattreuen Deutschen Jugend (HDJ)«, hrsg. durch: Bildungsvereinigung ARBEIT UND LEBEN Niedersachsen Ost gGmbH Arbeitsstelle Rechtsextremismus und Gewalt, Braunschweig, 5-15.

Botsch, Gideon 2017. Wahre Demokratie und Volksgemeinschaft Ideologie und Programmatik der NPD und ihres rechtsextremen Umfelds, Wiesbaden, 81-95.

Bluhm, Helmar 2015. Problematischer religiöser Fundamentalismus und das Kindeswohl nach deutschem Recht, ZBFS – BLJA Mitteilungsblatt 4/2015, 1-15. via: http://www.blja.bayern.de/imperia/md/content/blvf/bayerlandesjugendamt/problematischerfundamentalismus_bluhm_jan.16.pdf (Abruf: 04.06.2021).

Brausam, Anna 2021. Todesopfer rechter Gewalt seit 1990, via: https://www.amadeu-antonio-stiftung.de/rassismus/todesopfer-rechter-gewalt/ (Abruf: 26.05.2021).

Bringmann, Rolf / Gerhard, Dirk 1977. »Wotans Erben«. Rechtsradikale Jugend in der Bundesrepublik, Dokumentarfilm, erschienen bei: WDR, Bundesrepublik Deutschland 1977.

Bruns, Lucia 2019. Der NSU-Komplex und die akzeptierende Jugendarbeit, Oldenburg.

Bundesdrucksache 18/8601 Deutscher Bundestag, 16. Wahlperiode (14.03.2018).

Bundesdrucksache 18/94647 Deutscher Bundestag, 18. Wahlperiode (16.09.2018).

Bundesministerium der Verteidigung 2015. Zentrale Dienstvorschrift A-2630/1, via: https://www.bundeswehr.de/resource/blob/46298/14cdd62aec9260b23269617c61cac4ca/pdf-das-aeussere-erscheinungsbild-der-soldatinnen-und-soldaten-der-bundeswehr-data.pdf (Abruf: 13.06.2021)

BVerwG 2010: Beschluss des 6. Senat des Bundesverwaltungsgerichts vom 01. September 2009 - 6 A 4.09 - (https://www.bverwg.de/010910U6A4.09.0) (Abruf: 05.01.2020).

Dollinger, Bernd / Schmidt-Semisch, Henning 2010. Sozialpädagogik und Kriminologie im Dialog. Einführende Perspektiven zum Ereignis Jugendkriminalität, in: Dollinger,

Bernd / Schmidt-Semisch, Henning (Hg). Handbuch Jugendkriminalität- Kriminologie und Sozialpädagogik im Dialog, 2. durchgesehene Auflage, Wiesbaden, 11-21.

Förster, Andreas 2016. Raus aus der völkischen Welt. Eine Mutter und ihre Kinder steigen aus, via: http://www.bpb.de/politik/extremismus/rechtsextremismus/223932/eine-mutter-und-ihre-kinder-steigen-aus (Abruf: 16.01.2021).

Fröhlich, Alexander 2021. Holocaustleugner Schaub und Nerling – Freie Schule in Berlin-Mahlsdorf unter Rechtsextremismus-Verdacht, in: Der Tagesspiegel, via: https://www.tagesspiegel.de/berlin/freie-schule-in-berlin-mahlsdorf-unter-rechtsextremismus-verdacht-6599548.html (Abruf: 01.07.2021).

Giesecke, Hermann 1981. Vom Wandervogel bis zur Hitlerjugend. Jugendarbeit zwischen Politik und Pädagogik, München.

Gollan, Anja 2010. Die Zugehörigkeit zu neuen religiösen und ideologischen Gemeinschaften als Kriterium bei Sorgerechtsentscheidungen, via: http://sekten-info-nrw.de/index.php?option=com_content&task=view&id=158 (Abruf: 04.01.2020).

Gollan, Anja 2018. Teil 1. Die rechtliche Perspektive. In: Gollan, Anja / Riede, S. & Schlang, Stefan. Glaubensfreiheit versus Kindeswohl. Familienrechtliche Konflikte im Kontext religiöser und weltanschaulicher Gemeinschaften, hrsg. durch: Arbeitsgemeinschaft Kinder- und Jugendschutz Nordrhein-Westfalen e.V. in Kooperation mit Sekten-Info Nordrhein- Westfalen e.V., Köln, 9-61.

Gollan, Anja / Riede, Sabine / Schlang, Stefan 2018. Glaubensfreiheit versus Kindeswohl. Familienrechtliche Konflikte im Kontext religiöser und weltanschaulicher Gemeinschaften, herausgegeben durch: Arbeitsgemeinschaft Kinder- und Jugendschutz Nordrhein-Westfalen e.V. in Kooperation mit Sekten- Info Nordrhein-Westfalen e.V., Köln.

Haarbach, Madlen 2018. Jugendstadtrat Liecke *rät von Kita-Broschüre der* Amadeu-Antonio-Stiftung ab, via: https://leute.tagesspiegel.de/neukoelln/macher/2018/12/05/66163/jugendstadtrat-liecke-raet-von-kita-broschuere-der-amadeu-antonio-stiftung-ab/ (Abruf: 17.06.2021).

Häusler, Alexander 2018. Die AfD: Werdegang und Wesensmerkmale einer Rechtsaußenpartei, via: https://www.bpb.de/politik/extremismus/rechtspopulismus/ 271484/die-afd-werdegang-und-wesensmerkmale-einer-rechtsaussenpartei (Abruf: 16.03.2021)

Hechler, Andreas / Stuve, Olaf (Hg) 2015. Geschlechterreflektierte Pädagogik gegen Rechts, Opladen.

Heite, Catrin / Pomey, Marion / Spellenberg, Charlotte 2013. Ein- und Ausschliessungspraktiken als Konstituierung von Grenzen, SP Soziale Passagen (2013) 5, 245-257.

Heitmeyer, Wilhelm / Buhse, Heike / Liebe-Freund, Joachim / Möller, Kurt / Müller, Joachim / Ritz, Helmut / Siller, Gertrud / Vossen, Johannes 1992. Die Bielefelder Rechtsextremismus-Studie, München.

Hopf, Christel 1990. Autoritarismus und soziale Beziehungen in der Familie. Qualitative Studien zur Genese autoritativer Dispositionen, in: Zeitschrift für Pädagogik 36 1990, 371-391.

Hopf, Christel 1993. Rechtsextremismus und Beziehungserfahrungen, in: Zeitschrift für Soziologie, Jg. 22 (6), 449-463.

Hopf, Christel & Schmidt, Christiane (Hg.) 1997. Zum Verhältnis von innerfamilialen sozialen Erfahrungen, Persönlichkeitsentwicklung und politischen Orientierungen: Dokumentation und Erörterung des methodischen Vorgehens in einer Studie zu diesem Thema, via: https://nbn-resolving.org/urn:nbn:de:0168-ssoar-456148 (Abruf: 01.03.2021).

Jansen, Frank 2010. Schlag ins Gesicht. Prozess um Angriff von Neonazis auf Journalisten, via: https://www.tagesspiegel.de/berlin/schlag-ins-gesicht/1870888.html (Abruf: 16.05.2021).

Kausch, Stefan / Wiedemann, Gregor 2011. Zwischen »Neonazismus« und »Ideologien der Ungleichwertigkeit«. Alternative Problematisierungen in einem kommunalen Handlungskonzept für Vielfalt und Demokratie, in: Forum für kritische Rechtsextremismusforschung (Hg). Ordnung. Macht. Extremismus. Effekte und Alternativen des Extremismus-Modells, Wiesbaden, 286-306.

Kellershohn, Helmut / Haarfeldt, Mark / Lausberg, Michael / Dietzsch, Martin / Suermann, Lenard 2014. Völkischer Nationalismus und Rechtspopulismus. Thesen des AK Rechts im DISS, in: DISS-Journal Zeitschrift des Duisburger Instituts für Sprach- und Sozialforschung, 28 (2014), via: https://www.diss-duisburg.de/2014/11/voelkischer-nationalismus-und-rechtspopulismus/(Abruf: 04.04.2021).

Kiess, Johannes 2011. Rechtsextrem – extremistisch – demokratisch? Der prekäre Begriff »Rechtsextremismus« in der Einstellungsforschung, in: Forum für kritische Rechtsextremismusforschung (Hg.). Ordnung. Macht. Extremismus. Effekte und Alternativen des Extremismus-Modells, Wiesbaden, 240-262.

Klönne, Arno 1995. Jugend im Dritten Reich. Die Hitler-Jugend und ihre Gegner, München: R. Piper [zuerst 1982].

Köttig, Michaela 2001. Mädchen und junge Frauen aus dem rechtsextremen Milieu. Sozialwissenschaftliche Erklärungsansätze und Konzepte der sozialen Arbeit, in: Beiträge zur feministischen Theorie und Praxis, Jg. 24 (2001), Heft 56/57, 103-116.

Köttig, Michaela 2008. Der biographische Ansatz in der Einzelfallhilfe mit rechtsextrem orientierten Mädchen und jungen Frauen, in: Forum: Qualitative Sozialforschung FQS 9(1), Artikel 2.

Kuckartz, Udo 2018. Qualitative Inhaltsanalyse. Methoden, Praxis, Computerunterstützung, Weinheim & Basel.

Lang, Kati 2009. Rechtsextreme Erziehung und Kindeswohlgefährdung, via: https://www.friedenskreis-halle.de/kita/texte/kindeswohl,%20rechte%20eltern.pdf (Abruf: 01.03.2021).

Lang, Kati 2010. Kindeswohl im Spannungsfeld von (neo)nazistischen Familien und staatlichem Fürsorgeanspruch, in: Kulturbüro Sachsen e.V. (Hg.). Elternarbeit im Spannungsfeld Rechtsextremismus. Erfahrungen und Perspektiven, Dresden, 41-52.

Lehnert, Esther / Radvan, Heike 2016. Rechtsextreme Frauen – Analysen und Handlungsempfehlungen für Soziale Arbeit und Pädagogik, Opladen, Berlin & Toronto.

Lobermeier, Olaf 2006. Rechtsextremismus und Sozialisation – Eine empirische Studie zur Beziehungsqualität zwischen Eltern/ Angehörigen und ihren rechtsorientierten Kindern, Herausgeber und Verlag: Bildungsvereinigung ARBEIT UND LEBEN Niedersachsen Ost GmbH Arbeitsstelle Rechtsextremismus und Gewalt, Braunschweig.

Maus, Matthias 2015. Ermittlungen zu Wiesn-Attentat werden neu aufgerollt. 35 Jahre nach Oktoberfest-Attentat in München, in: Der Tagesspiegel, via: https://www.tagesspiegel.de/politik/35-jahre-nach-oktoberfest-attentat-in-muenchen-spuren-wiesen-ins-rechtsextreme-milieu/11622646-2.html (Abruf: 21.03.2021).

Mayring, Philipp / Fenzl, Thomas 2014. Qualitative Inhaltsanalyse, in: Baur, Nina / Blasius, Jörg (Hg.). Handbuch Methoden der empirischen Sozialforschung, Wiesbaden, 543-558.

Mecklenburg, Jens (Hg.) 1996. Handbuch Deutscher Rechtextremismus, Berlin.

Motzke, Katharina 2014. Soziale Arbeit als Profession. Zur Karriere »sozialer Hilfstätigkeit« aus professionssoziologischer Perspektive, Opladen, Berlin & Toronto.

Mummendey, Hans-D. 1999. Selbstdarstellungstheorie – ein Überblick, in: Bielefelder Arbeiten zur Sozialpsychologie, 191, Bielefeld.

Naujoks, Claudia 2008. HDJ-Camp in der Nähe von Güstrow aufgelöst – Angeblich Fahne mit Hakenkreuz beschlagnahmt, bei: Endstation Rechts, via: https://www.endstation-rechts.de/news/hdj-camp-in-der-naehe-von-guestrow-aufgeloest-angeblich-fahne-mit-hakenkreuz-beschlagnahmt.html (Abruf: 17.05.2021).

Nowak, Falk 2017. »Die letzten von gestern, die ersten von morgen«? Völkischer Rechtsextremismus in Niedersachsen, hrsg. durch: Amadeu-Antonio-Stiftung, Hannover.

O.A. 1964. Verführte Jugend? In: Die Zeit 33/1964, via: https://www.zeit.de/1964/33/verfuehrte-jugend (Abruf: 15.06.2021).

O.A. 1998. Risse in der Seele, in: Der Spiegel 41/1998, via: https://www.spiegel.de/politik/risse-in-der-seele-a-66bbe692-0002-0001-0000-000008002431 (Abruf: 01.07.2021).

O.A. 2002. Die braune Elite von morgen. Bestandsaufnahme neonazistischer Jugendarbeit, in: Antifaschistisches Infoblatt (AIB) 58 / 4.2002, via: https://www.antifainfoblatt.de/artikel/die-braune-elite-von-morgen-bestandsaufnahme-neonazistischer-jugendarbeit (Abruf: 16.05.2021).

O.A. 2007. Der BHJ: Völkische Jugendarbeit. Zwischen Nazi-Tradition und bündischer Erneuerung, in: Antifaschistisches Infoblatt (AIB) 74 / 1.2007, via: https://www.antifainfoblatt.de/artikel/der-bhj-v%C3%B6lkische-jugendarbeit (Abruf: 21.03.2021).

O.A. 2008. Schlag gegen Rechtsextreme. Polizei löst Zeltlager der HDJ auf, in: Der Spiegel, via: https://www.spiegel.de/politik/deutschland/schlag-gegen-rechtsextreme-polizei-loest-zeltlager-der-hdj-auf-a-571050.html (Abruf: 31.03.2021).

O.A. 2008a. Bei Razzia gegen »Heimattreue« belastendes Material gefunden, in: Der Tagesspiegel, via: https://www.tagesspiegel.de/politik/bei-razzia-gegen-heimattreue-belastendes-material-gefunden/1348266.html (Abruf: 31.03.2021).

O.A. 2011. Ermittlungen gegen HDJ-Nachfolge – Nächste Razzia bei NPD-Jugendorganisation, bei: Endstation Rechts, via: https://www.endstation-rechts.de/news/ermittlungen-gegen-hdj-nachfolge-naechste-razzia-bei-npd-jugendorganisation.html (Abruf: 06.06.2021).

O.A. 2011a. Völkische Jugendarbeit sucht »neue« Strukturen, in: Antifaschistisches Infoblatt (AIB) 90 / 1.2011, via: https://www.antifainfoblatt.de/artikel/

v%C3%B6lkische-jugendarbeitsucht-%C2%BBneue%C2%AB-strukturen (Abruf: 06.06.2021).

O.A. 2018. Innenminister warnt vor gesellschaftlicher Spaltung, in: Die Zeit, via: https://www.zeit.de/politik/deutschland/2018-03/horst-seehofer-sicherheit-videoueberwachung-zuwanderung-rede-bundestag/seite-2?.de (Abruf: 15.06.2021).

O.A. 2020. Verfassungsschutzchef bestätigt Kalbitz' HDJ-Mitgliedschaft, in: Süddeutsche Zeitung, via: https://www.sueddeutsche.de/politik/verfassungsschutz-afd-kalbitz-hdj-mitgliederliste-1.5011722 (Abruf: 15.06.2021).

Oelkers, Nina 2011. Kindeswohlgefährdung: Selektive Korrektur elterlicher Erziehungspraktiken in der Kinder- und Jugendhilfe, in: Dollinger, Bernd & Schmidt-Semisch, Henning (Hg.). Gerechte Ausgrenzung? Wohlfahrtsproduktion und die neue Lust am Strafen, Wiesbaden, 264-279.

Oesterreich, Detlef 2000. Autoritäre Persönlichkeit und Sozialisation im Elternhaus. Theoretische Überlegungen und empirische Ergebnisse, in: Rippl, Susanne / Seipel, Christian / Kindervater, Angela (Hg.). Autoritarismus – Kontroversen und Ansätze der aktuellen Autoritarismusforschung, Wiesbaden, 69-92.

Oppenhäuser, Holger 2011. Das Extremismus-Konzept und die Produktion politischer Normalität, in: Forum für kritische Rechtsextremismusforschung (Hg.). Ordnung. Macht. Extremismus. Effekte und Alternativen des Extremismus-Modells, Wiesbaden, 35-58.

Raabe, Jan / Hartwig, Johannes 2021. »Völkisch«!? Zur Konjunktur eines rechten Begriffs, in: Lotta # 81, Winter 2020/2021, 53-55.

Raack, Martin 2006. Wie sind religiös geprägte Erziehungs- und Sozialisationspraktiken im Hinblick auf Kindeswohlgefährdungen einzuschätzen? In: Kindler, Heinz / Lillig, Susanna / Blüml, Herbert / Meysen, Thomas / Werner, Annegret (Hg.). Handbuch Kindeswohlgefährdung nach § 1666 und Allgemeiner Sozialer Dienst (ASD), München: Verlag Deutsches Jugendinstitut, Kapitel 22.

Radvan, Heike / Lehnert, Esther 2015. Rechtsextremismus als Herausforderung für frühkindliche Pädagogik- Analysen und Handlungsempfehlungen, in: Hechler, Andreas / Stuve, Olaf (Hg.). Geschlechterreflektierte Pädagogik gegen Rechts, Opladen, 177-192.

Rafael, Simone 2019. »Ene meine muh – und raus bist du!« – Ein Rückblick, bei: Amadeu Antonio Stiftung, via: https://www.amadeu-antonio-stiftung.de/ene-mene-muh-und-raus-bist-du-ein-rueckblick-44635/ (Abruf 15.06.2021).

Rommelspacher, Birgit 1992. Rechtsextremismus und Dominanzkultur, in: Foitzik, Andreas / Leiprecht, Rudolf / Marvakis, Athanasios / Seid, Uwe (Hg.). »Ein Herrenvolk von Untertanen« Rassismus – Nationalismus – Sexismus, Duisburg, 57-67.

Rommelspacher, Birgit 2010. Warum ausgerechnet die rechtsextreme Szene? Ursachen und Einstiegsgründe junger Menschen sowie die Rolle von Eltern und Schule, in: Kulturbüro Sachsen e.V. (Hrsg.). Elternarbeit im Spannungsfeld Rechtsextremismus. Erfahrungen und Perspektiven, Kulturbüro Sachsen e.V., Dresden, 18-28.

Röpke, Andrea 2007a. Ferien im Führerbunker. Die neonazistische Kindererziehung der »Heimattreuen Deutschen Jugend (HDJ)«. Herausgeber und Verlag: Bildungsvereinigung ARBEIT UND LEBEN Niedersachsen Ost gGmbH Arbeitsstelle Rechtsextremismus und Gewalt, Braunschweig.

Röpke, Andrea 2007b. Braune Kinderfänger, via: http://www.hiergeblieben.de/pages/textanzeige.php?limit=20&order=datum&richtung=ASC&z=668&id=14464 (Abruf: 16.05.2021).

Röpke, Andrea 2010. Die geführte Jugend – Kindererziehung von rechts, Herausgeber und Verlag: Bildungsvereinigung ARBEIT UND LEBEN Niedersachsen Ost gGmbH Arbeitsstelle Rechtsextremismus und Gewalt, Braunschweig.

Röpke, Andrea / Speit, Andreas 2011. Mädelssache. Frauen in der Neonazi- Szene, Freiburg im Breisgau.

Röpke, Andrea 2016. Der Sturmvogel, in: Antifaschistisches Infoblatt (AIB)111 / 2.2016, Berlin, via: https://www.antifainfoblatt.de/artikel/der-sturmvogel (Abruf: 21.03.2021).

Röpke, Andrea / Speit, Andreas 2019. Völkische Landnahme – alte Sippen, junge Siedler, rechte *Ökos*, Berlin.

Röpke, Andrea 2020. Völkischer Familienverband, bei: Blick nach Rechts, via: http://www.hiergeblieben.de/pages/textanzeige.php?limit=50&order=datum&richtung=ASC&z=1058&id=56912 (Abruf 15.06.2021)

Scherr, Albert 1996. Zum Stand der Debatte über Jugend und Rechtsextremismus, in: Falter, Jürgen W. / Jaschke, Hans-Gerd / Winkler, Jürgen R. (Hg.). Rechtsextremismus. Ergebnisse und Perspektiven der Forschung. Politische Vierteljahresschrift Sonderheft 27/ 1996, Opladen, 97-120.

Schmidt, Anna 2014. Völkische Siedler/innen im ländlichen Raum. Basiswissen und Handlungsstrategien, herausgegeben durch: Amadeu-Antonio-Stiftung, Berlin.

Schmollack, Simone / Speit, Andreas 2012. Das rechte Wohl des Kindes. Kinder von Rechtsextremen, in: TAZ, via: https://taz.de/Kinder-von-Rechtsextremen/!5084988/ (Abruf: 21.03.2021).

Sigl, Johanna 2018. Biografische Wandlungen ehemals organisierter Rechtsextremer. Eine biografieanalytische und geschlechterreflektierende Untersuchung, Wiesbaden.

Siller, Gertrud 1993. Das Verhältnis von Frauen zu Rechtsextremismus und Gewalt. Theoretische Vorüberlegungen für eine weiterführende Analyse, in: Uwe, Hans-Uwe / Merten, Roland (Hg.). Rechtsradikale Gewalt im vereinigten Deutschland. Jugend im gesellschaftlichen Umbruch, Opladen, 219-226.

Spürk, Dieter 2006. Wie ist die Zugehörigkeit von Eltern/ Sorgeberechtigten zu sog. »Sek-ten« und »Psychogruppen« in Bezug auf Kindeswohlgefährdung einzuschätzen? In: Kindler, Heinz / Lillig, Susanna / Blüml, Herbert / Meysen, Thomas / Werner, Annegret (Hg.). Handbuch Kindeswohlgefährdung nach § 1666 und Allgemeiner Sozialer Dienst (ASD), München, Kapitel 23.

Stützel, Kevin 2019. Jugendarbeit im Kontext von Jugendlichen mit rechten Orientierungen. Rekonstruktiv-praxeologische Perspektiven auf professionelles Handeln, Wiesbaden.

Tonn, Kristina 2013. Der Fall Tanja P. und das Urteil des Bundesverfassungsgerichts. Relevanz und Konsequenzen für Rechtsprechung aus Deradikalisierungsarbeit, in:

Journal EXIT – Deutschland. Zeitschrift für Deradikalisierung und demokratische Kultur, Ausgabe 1/2013, 154-183.

Suhr, Frauke 2021. Mehr als 13.000 gewaltbereite Rechte, bei: Statista, via: https://de.statista.com/infografik/25082/anzahl-der-rechtsextremisten-in-deutschland/ (Abruf: 15.06.2021).

Wapler, Friederike 2015. Religiöse Kindererziehung: Grenzen des Rechts, in: Recht der Jugend und des Bildungswesens, 2015, 420-447.

Wapler, Friederike 2017a. Das Kindeswohl: individuelle Rechtsverwirklichung im sozialen Kontext. Rechtliche und rechtsethische Betrachtungen zu einem schwierigen Verhältnis, in: Sutterlüty, F. & Flick, S. (Hg.). Der Streit ums Kindeswohl, Weinheim, 14-51.

Wapler, Friederike 2017b. Verfassungsrechtliches Kurzgutachten zum Thema »Kinderrechte ins Grundgesetz«, via: https://www.bmfsfj.de/blob/120476/193f08c3955adeb2c47d83b990537666/2017-kurzgutachten-kinderrechteinsgrundgesetz-data.pdf (Abruf: 21.03.2020).

Weber, Regina 2014. Wenn Hagen Heimattreu Klein-Heidi zum Tanz auffordert. Erziehung, Familie und Frauenbilder in der Heimattreuen Deutschen Jugend (HDJ), in: Botsch, Gideon / Haverkamp, Josef (Hg.). Jugendbewegung, Antisemitismus und rechtsradikale Politik. Vom »Freideutschen Jugendtag« bis zur Gegenwart, Berlin, 221-241.

Winterberg, Yuri 2004: Der Rebell. Odfried Hepp: Neonazi, Terrorist, Aussteiger. Bergisch Gladbach.

Zick, Andreas / Beate, Küpper 2021. Die geforderte Mitte. Rechtsextreme und demokratiegefährdende Einstellungen in Deutschland 2020/21, Bonn.